矢野智徳
大内正伸 著
大地の再生技術研究所 編

大地の再生 実践マニュアル

空気と水の
浸透循環を
回復する

農文協

はじめに

　思い返してみると「大地の再生」という言葉が世に生み出され、独り歩きを始めるきっかけになった講座から早十数年という歳月が流れてしまいました。この間、なんと多くの現場実践と人々との関わりが生まれてきたことでしょう。「大地に空気が抜けなくなって、雨の水もまともに浸透しなくなっている」──日常の小さな造園現場を通して見えてきた開発大地の問題点、昔から誰もが聞かされてきた "雨降って地固まる" という大地は、残念ながら、今や似ても似つかないものになっています。

　本来の大地とは、雨のときも、晴天のときも、地上と地下の空気と水が浸透・循環し、清々するような対流が補償されたもので、その循環する大地こそが、あらゆる場所に息づいていた日本の元環境であったはずです。どの地域でも青々とした草と木におおわれた、海山の幸に恵まれた風土が、何故に高度成長期の開発とともに消えてしまったのか。文部省唱歌に歌われてきた全国の流域河川とその沿岸海域のどの場所にも息づいていた──その風土が、今や沖縄から北海道まで津々浦々に、清流域を失い、泥水汚染の流れに変貌してしまっている現実を、何故に社会問題視（環境問題視）できずに、ここまできてしまったのか？

　それは、自然や命の世界（計り知れない世界）と向き合いながらも、日常的なリスクを避けようとする、安全・安心の世界を追い求め続ける意識が、このシグナルに気づく（受け止める）芽を摘んできてしまったからではないでしょうか。各分野の環境（無言の生の世界）が、異常の赤点滅信号を日々投げかけてくれている中で、その声に正直に向き合い、足をちゃんと止めて、その是非を確認できないまま、しないままきてしまっている。

　この私たち「大地の再生」全国のネットワーク活動の十数年の軌跡は、まるで誰もが幼少期に大人から読んで聞かされた「裸の王様」の物語の、あの少年の姿を地で演じてきたような実感を禁じ得ません。どうか、今の日常的な切迫する環境（社会）問題を、子ども達の目線に立ち返って見つめ直し、今すぐに取り組める足元からの小さな環境改善の "気持ちと術" を、この本の内容から垣間見ていただき、御一緒に日々の学びと実践に取り組んではいただけませんか。小さな移植ゴテとノコガマ１本から──。

　そして、後々になってしまいましたが、数々の現場を通して取材し続け、思いを込めてまとめ上げてくれた大内正伸氏に心からの感謝と敬意を表します。そして大変な現場をともにし学び続けてくれた全国ネットワークの面々と、それを各地域ごとで支えて下さったクライアントさんや講座参加者の皆さん、本当にありがとうございます。本書の発刊を大変お待たせしてしまったお詫びとともに、心から皆様に感謝申し上げる次第です。

2022 年 11 月 30 日　矢野智徳

私が本づくりに関わった経緯

　「大地の再生」メンバーが四国の私の元に訪ねてきたのは、平成30年（2018年）3月のことでした。私は数年前から香川県東かがわ市の山間部で棚田・里山の再生活動に関わっていて、彼はその会の見学に遠方から来たのですが、矢野さんの本を私に書いてほしいと切り出してきたのです。それまで「大地の再生」についてまったく知りませんでしたが、彼が見せてくれた草刈りや水脈づくりは実に面白そうで、とくに竹をたくさん使うところに惹かれました。当時、活動場所では荒廃竹林の手入れをしていて、それが格好の素材になるというのです。それならと翌4月に初取材したのが屋久島の講座でした。

　矢野さんの話と作業を見て、これまで関わってきた林業や里山再生に欠けている最後の重大なパーツが「大地の再生」にある……と直感しました。戻ってからブログに屋久島講座のレポートを書き、その後、全国さまざまな講座や現場の取材を続け、同年9月から『現代農業』誌（農文協）で短期連載をもちました。

　同年夏には西日本豪雨という大災害がおき、翌年にも各地で台風被害があり、それらの被災地支援の活動にも参加しました。全国を取材してわかってきたのは「大地の再生」はあらゆる場所や空間に共通の法則だということです。戦後のコンクリート土木の弊害と、山林（植物）に背を向けた現代の暮らしが、環境の気・水脈を詰まらせ土を腐敗させている。昨今の災害は異常気象だけが原因では決してないのです。また、昔の人たちは経験的にこの気・水脈の流れの重要性を知っていたのではないか？　その施業は結作業を通して伝えられてきたのだ……という矢野さんの話も腑に落ちました。

　長年傷めつけられ疲弊した土地が、「大地の再生」の処方により植物の蘇生をともなって急速な回復を見せることに驚かされます。それは当然ながらあらゆる一次産業の復興や人の健康の基盤ともなるでしょう。環境の再生・復興は " 流域 " が一つの単位となります。「大地の再生　技術研究所」では、その思想と技術を習得する講座を行なうとともに、各流域ごとに講座を開けるようライセンス制度を導入しており、大学やゼネコン関係者による協力、特許取得も始まっています。

　第一弾としてこのテキストを世に送ります。図版の多くは現場のスケッチからおこしたものです。まだ描き足りないところもありますが、日本各地のかつての輝かしい自然環境を取り戻すために、皆様のお役に立てることを心から願っています。

2022年11月28日　大内正伸

もくじ

図版リスト

イラスト・写真：大内正伸
DTP レイアウト：Tortoise + Lotus Studio

プロローグ──屋久島／大地の再生講座にて

初めて講座に参加する

　矢野智徳氏の「大地の再生」に出会ったのは2018年に鹿児島県の屋久島で行なわれた「大地の再生講座」だった。前書きに記した通り矢野さんに2年間師事したというKさんが、私たちのGomyo倶楽部のフィールドに見学に来られたのがきっかけだった。

　Kさんは私の著作、四万十式作業道の技術書『図解山を育てる道づくり』に矢野さんとの共通点を感じ、他のイラスト本も読んでいた。その日はアトリエで深夜まで矢野さんについての情報を詳しく教えてくれ、その独自な手法と思想に私も大いにうなずき、感じ入った……というわけである。

　そのことでまさか屋久島まで行くことになろうとは思わなかったが、私も長くかかった単行本の仕事から

ISSOU
一湊

N

SEIBU RINDOU
西部林道

APERUY
エコビレッジ アペルイ

屋久島／川だけ地形図

解放されて、また島にある宮之浦岳にずっと行きたがっていたGomyo倶楽部のN氏が同行することになり、旅の計画は一気に加速したのであった。

「屋久島もずいぶん傷んでいる」

　講座の初日は宮之浦公民館10:00からの座学。講師矢野さんの乗る飛行機が次の便になったということで、到着までの間、主催者側がスライドでこれまでの活動経過を報告してくれる。

　13:30、矢野さん登場。前日、他県でお寺の大木の再生仕事を深夜2時まで。それから空港に向かったが5分オーバーで乗り遅れたそうだ。弟子のKさんが「現場仕事で徹夜しちゃうのは矢野さんくらいのものですよ」と言っていたのを思い出した。

　ここで早めの昼食をとり、午後から屋久島のレクチャー。スライドを使って矢野さんの座学が始まる。矢野さんはこの講座のために、念願だった屋久島に初めて入島し、主催者の1人であるガイドのTさんと3日間をかけて下取材に回られたそうだが、その感想は「屋久島もずいぶん傷んでいる」というものだった。

　矢野さんの自然を見極める視点の特徴は「水と空気の循環」である。この循環が絶たれると、生き物は疲弊する。高度成長時代から日本はコンクリート土木を投入し、その命脈をズタズタにしてきた。それは顕著に植物の表情に表われる。日本全国どこを見ても同じだが、屋久島の場合、大きな原因は島を一周する強固な土木構造物、すなわち周回道路なのは明らかだ。座学の後、その道路を走ってフィールドへ移動した。

1日目、西部林道から森に入る

　まさかあの屋久島まで……。しかもここは世界遺産登録地が海まで続いているという「西部林道」。10年前の屋久島旅では濃密な自然に感嘆したものだっ

は本来なら礫があるはず。今は土砂泥が溜まり水と空気の流れが詰まる。

樹の枝が落ち、先端が枯れ、光と風が入り過ぎている。それを遮るようにツル植物が頑張ってカバーしている。枝が少なくなって梢に小さく緑がある状態は、細根が少ないことの表われ。枝比率が少ない＝細根が少ないということで、昔の屋久島より光と風が入り過ぎているのだ。

倒れたガジュマルと移植ゴテ

半山のシンボルツリーだったガジュマルの巨樹が、数年前に半分に折れてしまった。それは水と空気の流れにおいて確実に問題があるから。カジュマルのからむ大岩ならそれ相応の水と空気の流れがあるはず。ところが周囲に泥が溜まっている。

詰まれば自然は空気を抜きたいと思っている。そこで土石流がおきる。ところが今は、その土石流跡に人工構造物をかぶせてまたふさごうとする。

た（2008年3月、群馬山暮らし時代に5日間の滞在、屋久島を一周し、縄文杉〜宮之浦岳を歩いた）。しかし、橋の上から眺める沢に生える木々が枝枯れをおこしている。また、林床の腐葉土層が薄く、下草が少なく乾いている。内部に入ると、どの木にも下枝の枯れが見え、林床には枯れ落ちた枝が多数見られる。その中にツル植物がからんでいるのが特徴的だ。

矢野さんのレクチャーを受けながら、林道から海に向かう斜面を降りていく。途中に炭窯の跡や石垣が現われて驚く。「半山」と呼ばれる耕作跡地だという。原生林の残る島とはいえ、下部の平坦地は里山的な使われ方をしていたのだ。

シカが現われる。本州のシカに比べ小型で、人に驚いて走り出すようなことはせず、写真が撮れるチャンスはたくさんある。シカはもともと草原性の動物ではなかったか？

下草が少ないので、なんだかここで暮らすのは大変そうである。

岩場に巻きつくように木の根が取り込んでいる場所は、本来なら細根の絨毯になっているはず。大きな岩のまわり

移植ゴテでガジュマルの根元を掘る矢野さん

倒壊した半山のガジュマル

観察すると表土が硬い。土壌に嫌気性細菌が増えており、落ち葉を過度に分解して土が硬く締まっている。これを解決（再生）するには「小さな行動からでもできる」と矢野さんはいう。具体的には移植ゴテでところどころ表土を削るのである。

そこが水みちとなって水脈が生まれ、空気もその溝に沿って動き始める。カーブなどの変化点に「点穴」と呼ばれる丸穴を掘るとさらにいいという。これで停滞した水溜まりの水を切り、循環の流れを人工的につくってやるのだ。

改善するには小さな移植ゴテ１つでもできる。小さな作業の連続がプラスの連鎖ですごい力を与えてくれる。それに自然が手を貸してくれる。自然の力を利用して、人が手を入れて欲しい。表層５cmの溝切りから環境改善はできる。

西部林道の荒廃も、それについての解決策も、にわかには信じがたい話だが、各地で実践を重ね、その結果を出している矢野さんの言葉には説得力がある。

車道から始まる、泥水の負の連鎖

海が近づいて、この灌木たちの林床を見たとき、半信半疑だった私もこの異様な荒廃を認めざるを得なかった。崖の最後の斜面の落ちぎわに、シダたちが水分を求めるかのようにわずかな緑を茂らせている（葉の先端は焼けているように黄変している）。

ある高名な林業家は「海岸線の広葉樹の森も暗く下草がなく、雨で表土が流されている、だから間伐で光を入れることが必要だ」といった。そして「そのわずかな下草をシカが食べている。だから駆除する必要がある」と続くのがつねである。だが、ここは木漏れ日があるのに草が生えていない、砂漠のようなのだ。

原因は目詰まりをおこした土にある。車道から始まる泥水の負の連鎖が、ここまで森を荒廃させてしまった。本来なら枝を密に茂らせた密林状態になり、暗い林床に腐葉土が厚く堆積しているはずだが、その腐葉土層や水の循環を失って細根がなくなり、水を求めて樹は深く根を張ろうとする。すると下枝が枯れ落ち、梢の先端にだけ生き枝が集まる異常な樹形になり、光と風が過度に入りやすい森になる。

このような風の強い海岸線で、樹冠という大きなグランドカバーを失うことは、林床の乾燥を早め、さらに荒廃を加速させる。しかし、移植ゴテなどで少しでもその状態を改善してやると、木々は「胴吹き」を始めて回復の兆しを見せるそうだ。

車を止めた橋を流れていた沢の河口に降りた。このように屋久島の沢は、澄み切った水のまま、すなわち本州でいう「渓流」の状態のまま、海へ流れ出ることが多いのである。

西部林道の海岸線に降りることができたというだけでも得難い体験である。しかし、車道からこれだけ離れた森がそんな深刻な影響を受けるということがありうるのだろうか……。

西部林道から森を伝って海岸まで降りる

その因果関係について半信半疑が収まらなかった私に、矢野さんは翌日の講座で実に鮮やかな回答を与えてくれた。

2日目、一湊にて

大地の再生講座2日目。屋久島一湊集落で「一湊エコビレッジ」をつくるプロジェクトが始まっている。そのフィールドを矢野さんと歩きながら学ぶ1日。一湊は屋久島で唯一の天然の港である。が、私にとっては詩人の山尾三省が暮らした場所として刻まれている。実は今回の屋久島行きは、講座の2日目に「一湊」の文字を発見して心が動いたということがあったのだ。

「一湊エコビレッジ」に隣接する沢の奥に「布引の滝」があり、その沢は外周道路の橋をくぐるとすぐ海に出る。敷地の倉庫でプロジェクターを使った短い座学でその地形図を見る。

矢野さんは森という言葉に「杜」の字を当てることにこだわる。鎮守の杜という言葉がある通り、人が大地と関わるには「痛めず穢さず、大事に使わせてください」という想いをもった開発の仕方であるべきだ……という矢野さんの思想に基づく。この山から海までコンパクトにまとまっている場所で、人も自然も息づく流域の杜づくり・大地の再生手法を学ぶ。

布引の滝へ、敷地の「水切り」

外は雨。結構な降りで、しかも寒い。明日から単独で宮之浦岳に登るN氏も心配顔である。「布引の滝」の駐車場に集まり、まず滝を観察する。

布引の滝は水量が少なく、滝壺には泥が溜まっていた。雨降りだが、実は表土はパサパサで水分が浸透していない。滝の辺りはふつうは湿潤のはず。だが植物の根っこが少ないため、乾きやすく、湿りにくい。

樹木は細根がなくなると下枝が消えて、根が深くなり、風に揺れやすくなる。なぜかというと、全体に暴れる樹形となり、締まった形でなくなるからだ。

さらに滝の上まで歩いてみる。かなり急峻な登りである。滝の上の林層をどうしても見ておきたかった（見せたかった）ようだ。やはり、昨日の西部林道と同じように、木に元気がない。下枝が枯れ、下草も少ない。

矢野さんはつねに「現場を見る」ということを大事にする。ミクロの現場から学んでいく。それがマクロな世界につながっていく。わからなくなったら、迷ったら、足元を見てみる。数字ではなく、自分の五感で、身体で実感することを大切にする。五感は生の情報を与えてくれるからだ。

ともあれ、一見青々とした屋久島の照葉樹林も、内部はこのように病んでいるのである。おそらく尾根筋まで同じであろうとのこと。

ではどう再生したらよいのかという実践編を、滝の下流でさっそく始めるのだった。その方法は、簡単にいえば沢の中にスムーズな水の流れと風の流れを取り戻す……ということなのである。

一湊、布引の滝にて

移植ゴテで駐車場の水溜まりを誘導する矢野さん

に気を配ることだという。

すぐ昼になって、朝の倉庫に戻り昼飯となったのだが、矢野さんは駐車場に水溜りを見つけると何やら移植ゴテで地面を掘り始める。

敷地に水溜りができたらそのままにしないで、溝を切って排水を促す。最終的に側溝などに溜り水が移動するようにする。これは子供の砂遊びのようで、何だか楽しい。曲がりの変化点には「点穴」を掘ってやるとさらに効果的だそうだ。

昼食後、この土地の風土や産業について、一湊の地元の方のお話を聞いた（後日、私たちはこのHさんの案内で三省のアトリエにたどり着くという僥倖を得る。Hさんは山尾三省の畏友であった）。

沢掃除の意味

雨は止まない。めいめいに雨具を着込んで、午後から本格的に沢での作業に入る。

沢の流れの、詰まりの悪いところはほどよくやる。やりすぎないように。全体に均等に、やさしい流れになるように。すると川の音が全体に広がる。同じようにこだましてくる。

大石を上げると穴ができ、水が入る（大きな点穴になる）。石1個の移動で変化が生まれる。すると泥が流れアクが消えていく。水がスムーズに流れると、それだけで上部の空気が流れ始める。水の流れが空気を引っ張るのだ。

本流の水や空気の流れが生き生きしてくると、河畔の水脈も動き始め、周囲の植物の根が伸びていく……という連鎖がおきる。

それだけではない。この沢の変化は、たちどころに今朝見てきた山の中腹や尾根筋まで風や水の変化をおこすという。それを矢野さんは100mのホースに見立てて説明してくれた。水を満たしたホースの先端を解放すれば、100m先の水も瞬時に動く。実に鮮やかな比喩だった。

矢野さんの指導を受けながら参加者は下流へと進ん

たとえば沢の落ち口に枯れ葉や枝が堆積して、水の流れを詰まらせている場所があれば、そこのゴミを取るなり小石を取るなりして、流れを取り戻す。また上部の空間も同じように、風の流れをふさいでいる場所があればその枝を切り、草を払う。

すると、沢の水音が変わり、沢沿いに風が流れていくのがかすかに感じられる。大切なのは1カ所だけが強く流れるのではなく、川面全体が均等に流れるよう

でいく。この中には矢野さんのスタッフも何名かいて、彼らは自らどんどん仕事をこなしていく。昨日今日の参加者は、屋久島でガイドの仕事をしている人が多いようだった。下流の橋の下から海岸の砂浜までは、伏流して水が消えていた。とくに重要な河口付近に溝を掘って水みちをつける。

たちどころに水流が現われる。水が流れ始めると、

沢の掃除、ときにはツルハシを使うことも

気持ちがよくなり心もスッキリしてくる。これまた、指で押さえて血管を詰まらせているのを解放する……というような比喩に置き換えると、その気持ちもよくわかる。

橋からエコビレッジ敷地の縁まで、飛ばしてしまった区間を遡りながら流れを修復していく。これで滝の上流から河口まで、全区間をトレースしたことになる。

終えて敷地に戻ると、

僕らのやったことは、もうあの尾根まで伝わっているよ。

と矢野さんはいうのだった。空気は尾根筋まで広がっている。生きた機能は右から左にすぐに働くようになっている。これが積み重なれば、宮之浦岳、縄文杉にまで修復の機能が届くのだ、と。

残り時間の最後、沢に面した敷地の広場で水みちを切る。ここは先の尖ったスコップ（通称「ケンスコ」）やツルハシを使って掘る。

草刈り組はナイロンコードのエンジンカッターを使った高刈り、通称「風の草刈り」で周囲の風通しをよくしていく。明日は、この草刈りの本質を学ぶことができる。

3日目 「アペルイ」にて

前夜は島東部の安房のゲストハウスに泊まった。10年前の屋久島でもお世話になった思い出の宿である。同行のN氏は今日から2日間、宮之浦岳に登りに行くので早朝に登山口まで車で送る。

天気はよくない。しかも高度を上げるにつれ気温はぐんぐん下がり、淀川登山口に着くとなんと車の温度計は0度を示し、外に出るとみぞれが降り出した！しかしN氏は諦める気配もなく荷造りを始める。

見送ったあと、私は同じ道を戻って定刻に今日の講座場所、安房のエコビレッジ「アペルイ」に着く。

写真左：アペルイの母屋と庭。写真上：矢野チームの道
具工具車。「大地の再生」工事に必要なあらゆる道具・
資材が積み込まれている

建物はハーフビルドの木造家屋で、庭に増築のための木材が横たわっていた。矢野さんチームのトラックが到着していた。使い込まれた道具類が満載されている。

まずは室内で座学。講座主催者の一人、アペルイの運営者でガイドTさんが口を開く。原野を重機で切り拓いてこの敷地に家を建てた。「自然を壊さないように暮らしてきたが、自分の知識に限界を感じた。そんなとき矢野さんに出会った」。この講座を手がかりに自らの敷地を提供して参加者とともに学ぶ、ということのようだ。

2冊のブックレットが販売されていたので購入。座学は掲載されている図版からスタート。

アペルイは林地や畑地や休耕地、そして子供保育のための別棟などを含んだかなり広い敷地である。

開墾し、建物ができたことで環境がどのように変化したか？（水と空気の流れを詰まらせているか？）その視線で敷地を眺めてみる。

手がかりは、雨と風の動きを丹念に追うこと。雨が降っているとき観察すると水と空気の動きがよくわかる。自然地形やそこにある構造物、ものの間をすり抜けていく水と空気を読む。地上と地下で滞（とどこお）っているところを探す。そこを再生していく。人目線から外れ、自然目線で探っていくと見えてくる。

獣道→獣目線→場の見え方がまるっきり違う（思わぬ動きの世界が見えてくる）。

一昨日の西部林道の山は斜面がそのまま海にまで落ち込んでいるような地形だった。また昨日の一湊は平地だが、山と海岸は近く、中洲のような土地だった。ここアペルイ敷地は河岸段丘になった平地であり、いわば里山である。屋久島は花崗岩による岩山が多く、それゆえ長命なスギが育つのだが、ここは堆積土壌ですばらしい腐葉土層をもっている。

作業として具体的には、敷地全体の草刈りと敷地の周囲ぐるりと構造物まわり、そして道の両脇の溝掘りをする。この溝は途中の空気抜きであり、雨のときは水路になる。そうして敷地の詰まりを解消してやるのだ。

草刈りと水脈づくり

スタッフが草刈機を準備する。ナイロンコードのカッターだけでなく、本体も変わっていてループハンドルである。高刈りはこのほうがやりやすい。チェーンソーは片手で使える小型のもの。枝切りに使いやすい。

そして小型重機……特徴的なのはアタッチメントが油圧ブレーカー（鑿岩機（さくがん））であることだ。矢野さんはこれで溝堀りをするのである。

チームメンバーの腰まわりは左に移植ゴテとノコギリがま・剪定バサミ、右にはノコギリ2種。

まず矢野さんがブレーカーで引っ掻くように溝を切っていく。岩に当たったら鑿岩機仕様にするのだが、ふだんはその機能はほとんど使われない。

重機によってラフに掘られた溝を、人力の三ツグワで調整し、ケンスコ（剣先スコップ）で掘り出していく。溝の幅や深さは30〜40cmくらいだろうか。メンバーには女性もいる。

重機による掘削から手作業の埋め戻しまで、一連の作業で水脈がつくられる

さらに後続部隊が炭や小枝を入れていく。以前、Gomyo倶楽部に見学に来てくれたKさんはまず竹炭を入れ竹枝を使うといっていたが、ここには竹ヤブがないので剪定枝を使う。そのボリュームは「山の中で木が倒れて水脈になるようなイメージ」だという。

剪定枝はブルーシートに包んで運び、太くてまっすぐなものから下に入れ、上にいくにしたがって細いものを置き、最後に青い葉っぱのものを置く。

ところどころに「点穴」と呼ばれる円形の深穴（うが）つ。そこには小枝を縦に置く（植物が根を張る、タコ足を逆さにしたような感じ）。それを放射状に、渦を巻くようなイメージで置いていく。

点穴の上にも青葉を置く。そして溝の両側から土をかぶせていくのだが、完全には覆わない（それでは水路にならない）。中央には青葉が覗く程度にかぶせる。ただし、車が横切るようなところは、板などを置いて土で覆う。

目指すは循環と呼吸

参加者は最初何を手伝っていいのか戸惑うが、スタッフに教えてもらいながらともに汗をかく。

午前中の作業終了後、矢野さんは地図を出して敷地のどこに溝を掘るか最終決定している。住居エリアの建物も大地に対しては同じような働きをもつ。そこに空気や水が循環すること、呼吸することを目指す、というのが基本的な整備の考え方だ。

石も呼吸する。微粒土壌→ホコリが出る。→空気が通ればすぐに団粒化する。→たちどころに石のホコリがなくなる。

肥沃な腐葉土層がある台地、縄文杉登山のベースが近い

　斜面の傾斜に沿って、最終的に沢側や海側の低いほうへ吐き出せるように。下流が詰まると、上流も詰まっていく。畑に畝溝をなぜ掘るか？　というと、水と空気の循環を促すためで、敷地の溝掘りも同じ原理である。

点穴をつくることで、空気が抜け、空気が入る。

　点穴は環境が変わるポイントや流路の変化点に必ずつける。直線の場合でも等間隔で置いていく。
　まさか屋久島の中でこんな作業ができるとは夢にも思わなかった。スピード感のある作業に私も巻き込まれ、ナタで枝払いをやったりもした。矢野さんたちは

ナタは使わずに、枝は手で折るか剪定バサミを使っているようだった。それにしても、本土にはない、見たことのない植物がたくさんある。スリリングな小一時間だった。
　限られた時間とエネルギーを使って、今日の自然を前提とした、今日やれる作業をやる。１カ所に集中するのではなく全体のバランスを見ることも大事。
　人は暮らしやすいように平らな地形をつくり、さらにコンクリートＵ字溝で水脈を固定・遮断してしまった。これで大地の循環が動かなくなり、目詰まりをおこす→草木が暴れて→ヤブ化し→土中の空気通しが悪くなる。Ｕ字溝は撤去するか底に穴を開けるとよいが、それができなくても、構造物を挟んで大きな点穴を２

「風の草刈り」には高刈り・撫で刈りに特化した道具が用いられる。エンジンカッターはループハンドル・ナイロンコード、手ガマはノコギリ刃を

つ掘ると水と空気が動く。

2つの手道具

3時のお茶休憩となり、その後は矢野さんのレクチャーで午後の第2部が始まった。「大地の再生」のお家芸である「風の草刈り」はエンジンの草刈機だけでなくノコギリガマでもできる。「風の草刈り」で目通りがよくなり、起伏が見えてくると、どこに溝を掘っていけばいいかわかる。

風の草刈りをしていると、水筋が見えてくる。

溝は移植ゴテで浅く掘るだけでもいい。低いところを繋いでいって、深さ5cmほどの点穴を点在させる。

・ノコギリガマ（地上部の風通し改善）
・移植ゴテ（地下部の空気通し改善）

小さなエネルギーを送る、宝物のような道具。いつも基本はこの2つに帰る。この2つが教えてくれるものに立ち返る。

水溜まりをつくらないように溝を切る。しかし溜まること自体が悪いことではない。泥水が悪いのであって澄んだ水なら溜まってもいい。泥漉しの機能は有機

物に担わせる。

矢野さんは初めての屋久島で、作業後の感想をこういった。

見た目はヤブ化の休耕地だけど、いい土だった。さすが屋久島だな、と思った。自然度が高いぶん、屋久島の改善は早い。

終えて今日の感想の発表会となったとき、一人の女性が「矢野さんの話を聞いているとなぜか涙が出てくる」といった。私も同じだった。

4日目、屋久島の休耕田

前夜は主催者の勧めで矢野さんと同じ宿に泊まらせてもらった。フィールドを離れたら離れたで、また面白い話が聞けるものである。矢野さんは若い頃に日本全国を徒歩で走破した経験をもっている。歩いた沖縄のヤンバルの森が、30年ぶりに歩いたらものすごく荒廃していた。それを、現地の役人と歩いたのだが、役人はまったく気づいていなかった……とか、田んぼは水を溜めるだけでなく、ゆっくり、ほどよく流しておく、それだけでイネの生育が劇的によくなる。また、溜め池は「最高の水脈装置」である……というような、なんともエキサイティングな話が飛び出してく

る。

風の草刈りとは？

さて、午前中はふたたびアペルイで、「風の草刈り」をしっかり学ぶ。風の草刈りは風がやっている草刈りを手本にする。草刈りは根元から切るのがふつうだが、風に揺れて曲がるところから刈る。すなわち高刈りになる。が、一律に切るのではなく、遠目で見て草の集まりが流線型やかまぼこ型になるように、つまり風がスムーズに流れるように全体を整える。

かつてのおばあさんの草刈り・払いをやることで、最小限で、手作業で。生き物同士のシグナルを受け止める。

なぜこのような刈り方をするかというと、刈った位置でその後の草の伸び方が違うからである。根元から刈れば、草は勢いを増して伸びようとする。すると粗根が伸びる。高く刈れば根は細根に分岐して、草の生長が落ち着く。草がそれほど伸びなくなり、また軟らかくなる。

GW過ぎの夏の光になる前に、今の時期に「風通し改善」をやることは非常に大事な作業だ。風の流れを見て、ここから軟らかいというところ、風が最初に当たる場所、ここから切り始める。全体では目通しが利くように、沢に向かって、沢が意識できるように刈っていく。

風が均等に抜けるように、上から切る。刈った草はバラしながら周囲にまいておく。

風の草刈りをやって地形を把握してから水脈の改良。

風エネルギーに見合ったススキ（荒地）には最大限のエネルギーを与える。風は見事に植物たちを手なづける。びっくりしてこれはヤバイなと思って伸びなくなる。植物と付き合うには人目線ではなく風目線。

広大な里山の管理を、コントロールを、昔の人はうまくやっていた。

私もループハンドルの草刈り機を借りてやってみた。ナイロンコードはキックバックの危険がないので高刈りでも安心だが、草のちぎれた破片が飛んでくるのでゴーグルは必携である。

竹林の炭づくり

午後は班分けで私は竹林の班に入った。アペルイでは上流に元棚田だった場所を購入し、棚田を再生する取り組みを行なっている。その場所にも矢野さん式の施業を行なう。ここは沢が近く、竹林があるので、それを伐採し、竹炭（熾炭）を焼く。炭は水脈づくりに欠かせない重要な素材だ。

まずは消火用ポンプが沢に設置されたのだが、吸い込みのフィルターに竹の葉が使われていたのが印象的だった。重機で穴を掘る、そこに竹を放り込んで、スギっ葉を焚きつけにし、枯れ竹から燃やし始める。そうして沢水で消化。けっこうな量の竹炭ができた。冷

焚き火で消し炭（熾炭／おきずみ）をつくるという原始的な炭焼き法

めてから袋詰め。

「結」という共同作業

余った手は風の草刈り。矢野さんはひたすら溝づくり。よく観察すると、ブレーカーの先でただまっすぐの線を引くのではなく、ちょっとひねりを加えて、その後の溝掘りの作業性を高めている。

考えさせられたのは結の作業である。矢野さんたちは法人の名称に「結の杜づくり」と入れている通り、大勢での共同作業を特徴とする。この作業に報酬はない。むしろ参加費を払いながら無償の労働をしているわけである。

共同作業の何がいいといって、まず大勢いることでさまざまな情報が集まる。そして各自の手わざを観察し、上手い人から学ぶことができる。その学びの幅は広く深い。そしてその人の人間としての「人となり」を知って、打ち解け合うことができる。

共同で作業するとスピードはかなり早い。矢野さんのペースに引き込まれ、夢中になって仕事に没入するようになる。そして無心でやっていると五感が鋭敏になり、生き物同士のシグナルを受け止められるようにもなる。

穴の大きさは？　草の刈り高は？　どのくらいやったらいいのか？　やりすぎてはいけないなどといったバランスを、原体験のない今の若者はわからないのではないか？　という問いに、「それは誰でも細胞が知っている、DNA（魂）にその情報が備わっている」……と矢野さんはいう。

結作業で炭を袋に詰めていく

ヘゴの木、亜熱帯の植物と作業する喜び

参加者は誰しも感じたと思うが、そのパワーとは裏腹に、矢野さんの言葉は静的・詞的であり、暗喩での表現が面白かった。

4日間フルに参加して、毎日が発見と感動の連続だった。矢野さんの理論と実践は今後の森林・里山再生に最重要のものであると確信する。その手法は誰でも小さなところからでき、発見があり、希望がある。だから、こんなに若い人たちが集まるのだろう。

それにしても、

ヒツジもヤギも虫も、風が通るように草を残す。

などという観察・発見をした人が、これまでいただろうか？

結局、この最終日もみっちり18時近くまでかけて講座は終了したのだが、矢野さんたちはまたしても残業していたようだ。

N氏は無事下山したとラインが入ったものの、講座が遅くなったので安房までバスで来てもらい、キャンプ場で合流した。車で小野間温泉に入りに行き、その後で私たちはアペルイの食事会に向かった。

私にはGomyo倶楽部、里山オーナー制度の雑木林、そしてわがアトリエの敷地・畑と、3つのフィールドがある。そのそれぞれで「大地の再生」方式を実践してみるのが、本当にわくわくするほど楽しみである。

1章 「大地の再生」とは？

| 総則——空気視点を取り戻す

1 疲弊する大地のサイン

水溜まりは地面の目詰まりサイン

皆さんの家の庭先に水溜まりはできないだろうか。地面にちょっとしたくぼみがあれば雨のとき一時的に水は集まるが、やがて地面に染みてなくなるのではなくて、しばらくその水が消えずに残る水溜まりである。

何日かすればいずれ水は消えるが、その跡には泥のようなアクのような土がへばりついている。そして、そこが乾くと細かい泥ボコリを飛ばし始める。

そのような場所の周囲を観察してみると、**植物の生育が悪い。何とも不快な感じの苔などがはびこっている。そしてヤブ蚊が多い。そんな水溜まりができるのは、地面（地中）の目詰まりのサインである。**

屋久島の一湊の現場で見たように、そこには移植ゴテで低い方向へ水みちを切ってやるとよい。すると水が動いて水溜まりがなくなるだけでなく、水が動くことで地中の空気も動き始める。また水が引いた後も、

水切りによって停滞した水を動かしてやると、数日後に周囲の植物に変化が見られる

切り開いた溝に沿って空気（風）が動く。数日もすると周囲の植物が元気を取り戻している。新たな雑草の発芽も見られるようになる。

次に建物まわりに目を転じてみよう。床の上に物がたくさん置いてあると掃除がしにくく、空気がよどんでホコリが溜まりやすい。さすがに家の中（床の上）にはくぼみはないだろうから、水溜まりのようにホコリがたくさん溜まるような場所はないが、部屋の角は空気が通らず、どうしてもホコリが溜まる。とくに外壁などに泥ボコリやカビなどがこびりついている場合は、地面が詰まり空気がよどんでいる証拠である。

さすがに自然界にはそのような直角のコーナーはないし（そもそも自然のつくる物体はみな不定形であり流線型である）、つねに風が流れているのでホコリは溜まりにくい。それでも自然の中にも風が流れず、よどんでいる場所が現在はたくさんある。たとえば鬱蒼としたヤブの中などである。

ヤブ化は自然界において異常な状態

ヤブというのは植物が密集して先も見えないような状態をいう。竹やササであったり、フジやクズなどのツル植物に覆われた場所である。

竹はそもそも有用植物（資材や竹の子の食用のため）として家の近くに植えられ、かつては「番傘をさして歩けるように伐れ」といわれるほど、竹林は見通しのよいように管理されたものだった。それが管理放棄されて密集し、やがて枯れた竹が崩壊して歩けないほどグジャグジャになっている場所が全国に蔓延している。

ササ類は、雑木林が管理放棄されてはびこり出したものが多い。竹と同じく地下茎を伸ばして繁茂していくのだが、元々ササの生えていた森林では樹木と空間を棲み分けして、遠くまで見通せるすっきりした景観になる。ところが管理放棄で侵入したササ類は背丈も高く、びっしりと高密度で覆われる。そうして中の樹木とからみ合うような密ヤブをつくる。

竹もササも空気通しの悪い硬い地面に適応する。というか、硬い地面に空気を通すために竹やササが仕事

をしてくれている……と考えることも
できる（実際「大地の再生」手法で水
脈溝や点穴を入れると翌年からササが
衰退し、数年で消えて、植生が入れ替
わってしまった例があるし、竹林も適
度に管理して風みちを入れると、中に
広葉樹の実生が生え始め、樹種変換の
兆しを見せる）。

　一方で**樹木は地中の空気が詰まると
強根**（こわね）**を出そうとする。すると枝が暴れ
てくる。やがて元気をなくして枝がう
なだれてきて枯れたりする。するとそ
こを補完するようにツル植物が伸び上
がってくる。**田舎や山村の車道ぎわの
森をよく観察してみてほしい。だらん
と枝を下げた木々の下に、ササやツル
植物がびっしりと繁茂している場所がいかに多いかわ
かるだろう。

　**本来なら枝がピンと上がって整った樹形になり、高
木・中層木・そして下草類と、きれいに空間を棲み分
けして林内は風が通っているはずなのだ。風通しがよ
くなると植物も暴れず、伸びなくなる。枝もコンパク
トになる。つまり、私たちが日常目にしているのは自
然界においては異常な姿なのである。**

人の手入れと自然の手入れ

　日本は水田耕作の国なので、その水源である川や池
や、細い沢も大切にし、手入れを怠らなかった。水田
のない山村でも沢や水路は急峻な流れなので、手入れ
をしないと下流の家に迷惑がかかる。水源の荒廃は自
分たちのイナ作や飲み水の枯渇にも直結するから、沢
や水路の掃除は欠かせないものだった。

　鎮守の森をもつ神社は沢の合流点にあることが多い
し、水辺には龍神様を祀り、源流部の山の上にも社を
置いた。集落ごとに掃除を欠かさず、そこには泥溜ま
りのない滔々（とうとう）とした流れがあり、両岸の草木は適度に
刈られているから水路や沢の上は風の通り道でもあっ
た。そして、たまに来る大雨や台風などが、人の手の

車道の両側はコンクリートの壁。木々の枝はうなだれて、すき間をツル植物が覆う。
どこでも見られるこの光景は、実は異常な植物の姿なのだ

及ばない場所の詰まったヤブの枝を折り、溜まった泥
を洗い流す。今はそうした大雨や台風をもってしても
追いつかないほどに地面が詰まり、風がふさがれてい
るのだ。

現代土木によるふさぎと、
植物に寄り添う昔からの土木

　そのような手入れ不足だけではなく、もう１つ重大
な問題がある。ここ数十年に次々とつくられたアス
ファルトの道路や、コンクリート土木の構造物、擁壁（ようへき）
や三面張りの水路、砂防堰堤、ダムなどによって、気・
水脈が分断・遮断されてしまったことだ。その空気詰
まりや流れの分断が、さらに植物を弱らせている。

　昔もこのような土木構造物がなかったわけではない
が、木杭などの有機資材や、不定形の石などを組み合
わせた自然親和的なものだった。（文字通り「土木」だっ
た）。それらは皆、地中の空気通しを阻害しなかった
のである。

　たとえば昔の石垣と今のコンクリート擁壁を比べて
みるとよくわかる。石垣は組まれた石の間に水や空気
が通るすき間があり、それが不定形にどこまでも連続
している。ところがコンクリート擁壁は厚い板のよう

地中の詰まりがなく風がよく通った屋久島の谷。木の枝がピンと張り、見通しがよく、階層構造がはっきりわかる（撮影 2018.7）

木の根は土留めをしながら地中の空気を通すという矛盾した2つのことをやってのける。それだけではなく、木の根は水を蓄え水を通してくれる。そしてその水は生物膜によって濾過されたもので、エネルギーに満ち溢れた上質な水である。

　それらの木々は美しい花を咲かせ昆虫を棲まわせたりした（クワは養蚕にも使われた）。若葉や果実が食用になるものもあり、昔は剪定枝がカマドや囲炉裏の薪にもなった。植栽された木々は有用な資源でもあったのだ。

沢水の詰まりがもたらすもの、グライ土壌と有機ガス

　不思議なことに、人が手入れを持続させることで形づくられた里山には、美しい花々や昆虫などの生き物が大変多い。一方で放置されヤブ化した場所にはヤブが好きな生物が棲む。たとえばある種の昆虫や鳥などはヤブの中に好んで巣をつくる。また地面を這う土壌生物が多く、それを好んで食べるカエル、さらにそれを捕食するヘビなどが生息する。暗く、風が通らず、ジメジメした場所にはそれに相応したデザインの動植物が棲む。ふつうの人は、そのような空間に嫌悪感を抱き、入るのをためらう。

　今、山の道ぎわはほとんどがヤブになっていて奥が見えないが、昔の里山ではそのようなヤブは少なかった。肥料や飼い葉（使役動物の牛馬に与えられる餌としての草）のために刈り払われ、枯れ枝を燃料として採取するために隅々まで歩かれていたからだ。明るい空間が多かったし、風の通る道がそこかしこにあった。

　今は過疎化が進んだことに加えてほとんどの人が山や沢に背を向けている。沢も両岸から草木が伸びてヤブになり、沢沿いに容易に歩けないところが多い。また沢の流れの石まわりには落ち葉や枯れ枝が詰まり、そこに泥が堆積している。岸のところどころには前述の庭の水溜まりの跡のように、乾いたイヤな感じのする場所がある。試しにその乾いた泥を掘ってみるとド

なかたまりであり、申し訳程度に水抜きパイプが組み込まれてはいるものの、直線的かつ無機的なのですぐに目詰まりをおこしてしまう。またコンクリート擁壁の基礎は、十分に突き固めた上にグリ石を敷き詰めて強靭にしている。底部の空気通しはさらに絶望的である。

　それに対し、昔の土木構造物には植物が寄り添っていた。草木は生長するので手入れが必要だが、植物の根があることでそこが地中の空気通しの通路になってくれた。もちろん植栽を生きた構造物としてそのまま利用した例も多い。たとえば水ぎわにヤナギを植えたり、土堤にサクラやクワなどを植え、その根を土留めに利用した。木を使えば定期的な剪定などの手間がかかるが、コンクリートの擁壁のような重量はないし、

ブの臭いがする。

　周囲の木々を観察すると、水辺なのに枝が枯れている木が見受けられる。枝が枯れるということは、根が傷んでいるということだ。泥の堆積によって地中がグライ化（※1）し、有機ガスが発生して、それが枝枯れに追い打ちをかけている。

　そればかりではない。ヤブを抜けた先の斜面に目を転じてみると、**林内がそれほど暗いわけではないのに、草が生えずに土が流れている**。戦後大量に植えられたスギ・ヒノキ林の、間伐が遅れて荒廃している林内ならまだしも、広葉樹の森にまで同じような現象がおきている。原因はシカによる食害もあるが、それだけではない。**地中の酸素がなくなると、嫌気的な微生物が優勢になり、それらが腐葉土を食べ尽くしてしまうのだ**。それでますます土が流れ、窪みや石の間に泥が溜まっていく。

※1 **グライ化**：土が圧縮されたり孔がふさがれて無酸素状態（還元状態）が続くと、嫌気性微生物が働いて灰青色の独特の臭気のある土になる。多くの植物は根腐れをおこし、タネは発芽しにくくなる

マツ枯れ・ナラ枯れのもう1つの原因

　樹木に関していえば、マツ枯れ・ナラ枯れの原因は松食い虫（マツノマダラカミキリ＋マツノザイセンチュウ）やカシノナガキクイムシではなく、富栄養化による菌根菌（マツやナラと共生する菌）の消失、そして酸性雨などによって木が衰弱するのが真因と考えられる（※2）。

　しかし「大地の再生」の視点で考えれば、それ以外にも、根腐れの原因には当然ながら地中の空気詰まりもあるだろう。また風通しの悪さも衰弱の一因となったことだろう。

　昔は扱葉掻（こくばかき）（西日本では落ち葉を掃き集めること、もしくはその道具「熊手」をこう呼ぶ）に山に入っていたので、人が歩く道が縦横につけられており、どこでもマツタケがたくさん採れた話を聞く。

※2 **マツ枯れ・ナラ枯れ**：その真因については元森林総合研究所の小川真氏らの解明が先鞭をつけた。詳しくは大内正伸著『「植えない」森づくり』（農文協 2011）2章参照

腐葉土がなくなり土が露出している雑木林（香川県）。草本がほとんどない。隣接する沢は、侵入して枯れた竹が覆いかぶさっていた（撮影 2022.4）

詰まって崩壊した場所に出てきたグライ土壌。青灰色でドブの臭いがする

その再生の処方として、マツ林の手入れや粉炭を埋設する方法が知られているが、「大地の再生」のやり方によく似ている。実際、マツやナラだけでなく、あらゆる樹木が「点穴」などの処理によって再生していくのである。

土砂崩壊——高山帯まで死に至る

日本には森林限界を越えた高山帯をもつ山岳が存在する。ハイマツの中に点々とお花畑が散らばり、まるで誰かが手入れしているかのような庭園的景観をつくっている。これは高山帯という過酷な自然——その強い雨風の斧（おの）（手入れ）がなせる技だろう。

しかし、その山岳地帯にまで地中の空気詰まりの魔の手が伸びている。各地で山頂部や尾根に近い沢の源頭部が崩壊を始めているのだ。

国土地理院の2万5千分の1地図を見るとよくわかるが、**日本の山岳地帯の沢には膨大な数の砂防堰堤がつくられている。その構造物はコンクリート製なので、水や空気の流れを遮断しながら堤内を土砂で埋めていく。それがグライ化（無酸素化、還元土壌化）して有機ガスを発生させている**のだ。すると周囲の木々が傷んで土留めの力が落ちてくる。また、**長年のうちにグ**ライ化した土の領域が斜面の上へ上へと伸びていく。その結果、支持力の弱い地盤が暴風雨や地震などをきっかけに崩壊する。

それら構造物の問題は砂防堰堤だけではない。下流域に大きなダムがあれば、影響はとてつもなく大きいと考えねばならない。

近年どこの山岳地帯でも高山植物へのシカの食害を耳にするが、膨大なスギ・ヒノキ人工林（の手入れ不足による表土の砂漠化）に加えて、広葉樹の森でさえ下草に乏しい状況をつくり出してしまったのは、このダムと砂防堰堤、付帯する道路などの現代土木工事が大きな原因の1つであり、その結果として、シカを高山帯にまで追いやったことにわれわれは気付かなければならない。

海が磯焼け、河口に泥水が寄せる

海に目を転じると、日本の沿岸各地で「磯焼け」が問題になっている。磯焼けとは海藻が消滅し、海底の岩や石が露出した状態をいう。原因は諸説あるが、人工的な有毒物も一因になっていることはさておいて、「大地の再生」視点からそれは容易に推察できる。

浸透能力を失った、植物のいない場所にはつねに泥ボコリが溜まっている。雨のたびにその表面の泥水が流れる。また先の理由で土砂崩壊が多発している。その土は有機的な成分を含まないシルトなど粘土が溶け出したような鉱物質の微粒子になっている。それらが雨のたびに本流を濁し河口から海に流れている。

昔も大雨のときに泥は流れたが、それは腐葉土と養分を含む「生物にとって有用な泥」であった。グライ化したドブ臭い土にしても、掘り返されて酸素に出会うと一気に有用な肥料分となる。それらは海に出てプランクトンを育てる。ところが今、山や野原には腐葉土層が少なくなっており、過去のそれらはダムや砂防堰堤、道路などの構造物に堰止められ、厚くグライ化したままなのだ。

裸地の山肌が目立つ山梨県八ヶ岳連峰（撮影 2020.1）

水路や暗渠が浸透と生物浄化を弱める

かつては水路そのものに浸透機能があって、水は地下水脈と連動しながら海へと流れていた。昭和の頃まででし尿は肥料として農地に撒かれ、雑排水は自然の水路（土や石積みの）を浸透しながら流れていた（流れる過程で自然浄化もされる）。化学的な洗剤の毒物もなく、多くの場所で湧水や井戸水を利用していたので塩素殺菌もない。だから微生物による浄化機能も素晴らしかった。それら生命エネルギーに満ちた水と泥の成分が海へと流れ（地下水としても）、生き物たちを育んでいたのだ。

シルトなどの無機的泥水は、むしろ生物相の活躍する微細な穴をふさいで空気通しを悪くする。そしてコンクリート３面張りの水路や暗渠による下水道整備は、浸透機能も生物浄化もない。

汚水処理場である程度きれいになった水は塩素殺菌されて河川や海に放流され、分離された汚泥はセメント原料や埋め立て処分される（一部は肥料その他にも使われる）。かくしてこれまで自然の力で分担され、浄化されていた水と養分の流れが、人が便利さと快適さを追求するあまり完全に自然から切り離された輸送になり、パーツになってしまったのだ。

ヒートアイランドはなぜおきるか？
乾いた大地と頻発する洪水被害

雨水の浸透と植物との共存を忘れるとき、都市は「砂漠」になる。コンクリートとアスファルトは確かに便利だが、夏は灼熱地獄となり、冬は（暖房を逃れたところだけ）冷輻射で極端に寒い。そうして人工的な冷暖房のために石油や電気を使いまくり、ますます自然と離れた暮らしに拍車をかける。

このヒートアイランド現象はもはや大都市だけの問題ではないようだ。田畑や山々に囲まれた地方でさえ雨水の浸透機能が落ちている。それが大雨の際の洪水を助長している。

先日、東北の山間の温泉を訪れた際、宿の女将が「ここ数年、春と秋がなくなったかのようで、冬が終わったかと思うとすぐに夏が来てしまう」といっていた。これらもまた疲弊する大地のサインにほかならない。

2014.8.11(10:48)

2014年の台風11号通過の翌日、すでに濁りが引いている三重県五十鈴川（右上が前日午後の写真）。上流域にはダムや砂防堰堤がなく、80年生ヒノキ人工林と照葉樹林を「宮域林」として管理している

2014.8.10(14:12)

宇治橋の橋桁から流木を守るための木除杭（きよけぐい）で流れ枝の回収作業が行なわれていた

2 現代土木・エネルギー革命という負の側面

屋久島の森が荒れている──周回道路とトロッコ道

プロローグに書いた屋久島へ、あれから何度となく調査に同行した。ひと月に35日の雨が降るといわれ、年間降水量は里でさえ4,000㎜を超え、山岳部は10,000㎜も降るという。その雨は島の植物を伝い土壌を巡りながら川へ海へと到達する。当然のことながら水量は膨大で勢いも強い。雨が多ければ詰まりも大きくなる。そしてそれが溜め込まれると植物が弱り始める。やがて「空気抜き」という破壊（土砂崩壊）を自然はおこす。

地中の空気が詰まってある極限に達すると、大地はその詰まりを解放しようと崩壊を始めるのだ。小さな例では、斜面の横断道のすぐ山側に、土がえぐれて根があらわになる光景が多数見られるが、それも道路の影響で地中の空気が詰まったことへの大地の反応と見ることができる。

地図で見たかぎりでは屋久島の河川におけるダムや砂防堰堤の全体数は本土ほど多くない。しかしその流れを切断するかのような全島をめぐる周回道路、そして島の内奥に入り込むいくつかの大型林道（車道）、そして伐採搬出のためにつくられたトロッコ道は、水と空気の流れを遮断し、植生に影響を与えている。海岸の埋め立てやコンクリート港湾を多数つくったことも大きいだろう。

もちろん江戸時代からの原生林の伐採の歴史があり、近代になって屋久島の森はほとんどが国有林となり、戦後は皆伐が一挙に進んだ。巨樹の伐採自体が莫大な環境負荷を与えたのである。昭和40年代頃から保護運動がおき（昭和47年「屋久島を守る会」結成）、そうして残されたものが現在の屋久杉の姿である。

島の歴史を調べてみると、周回道路は大正11年（1922）に建設が始まり、開通してすでに半世紀以上が経っている（開通の前年に縄文杉※3が発見された）。伐採運搬のためのトロッコ道も同じ頃建設を開始した（現在は一部が縄文杉への登山道として、また線路も登山者のし尿の運搬に利用されている）。

※**3 縄文杉**：島では樹齢1,000年以上のスギを「屋久杉」と呼び、数百年の若木は「小杉」と称する。縄文杉は確認されている屋久杉の中でも最大級の老大木。その樹齢は2,000年余りから7,200年まで諸説ある

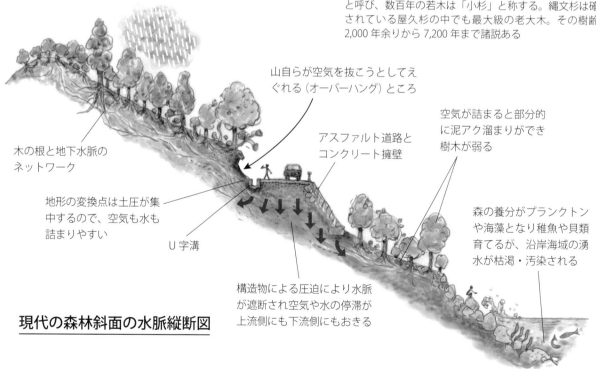

木の根と地下水脈の
ネットワーク

地形の変換点は土圧が集
中するので、空気も水も
詰まりやすい

U字溝

山自らが空気を抜こうとしてえ
ぐれる（オーバーハング）ところ

アスファルト道路と
コンクリート擁壁

空気が詰まると部分的
に泥アク溜まりができ
樹木が弱る

森の養分がプランクトン
や海藻となり稚魚や貝類
育てるが、沿岸海域の湧
水が枯渇・汚染される

構造物による圧迫により水脈
が遮断され空気や水の停滞が
上流側にも下流側にもおきる

現代の森林斜面の水脈縦断図

屋久島の周回道路の中でも西部林道はもっとも幅員が狭いのだが……

ヤクスギランドの仏陀杉（推定樹齢一八〇〇年）は樹勢が衰え、寿命はあと数十年とも数年ともいわれている

いずれも初期の土木工事や木の伐採や搬出時に大量の土砂を谷に落としているはずで、加えて道路やトロッコ道自体が水と空気の流れを遮断して、それら全体が長い年月をかけて屋久島の気・水脈を詰まらせている。最後に残された屋久杉の一群も傷み始めており、尾根筋にたくさんの白骨樹が確認されるのは周知の通りである。

2019年5月に縄文杉登山へ向かうバスルートが大雨で土砂崩壊し、登山者が閉じ込められ救助に自衛隊が出動する事態がおきた。その崩壊跡では異臭のするグライ土壌がえぐり出されていた。そのときのもっとも大きな崩壊斜面は、やはりトロッコ道が影響しているように思われる。

登山道も、入山者が増えて踏み圧が高くなれば、周囲の環境に大きな影響を及ぼす。雨の際に登山道に水が川のように流れ、地面を削って泥水を流す。沢に行くはずだった水みちが乱れ、流れが停滞して有機ガスを出すような泥溜まりができる。

屋久島の山頂部ではササが徒長（※4）し、シャクナゲなどの灌木と噛み合ってしまったり、沢がササで埋没するような場所が見受けられる。そしてシカが餌を求めて山頂部にまで現われ始めている。

岩をくるむ木の根が露出している西部林道下の林内。本来なら細根がびっしり絨毯（じゅうたん）のように覆っているはず。光と風が入り過ぎているのだ

海岸のキャンプ場を使わせてもらったとき、磯に出てみると貝類が少ない。「子どもの頃は磯で貝類がたくさん採れ、トビウオも海岸沿いで湧くように獲れたが、今では極端に減った」という話を、地元のタクシーの運転手さんから聞いた。

※4 徒長：植物の茎や枝が必要以上に伸びてしまうこと。原因は日当たりや 風の不足、グライ化による暴れ・肥料過多などが考えられる

周遊道路で激変した
紀伊半島（熊野）、江須崎の森

　森林の周縁部に開発道路をつくったことで樹木が枯れ荒廃した例は、後藤伸氏が『熊楠の森——神島』（農文協 2011 共著）の中で、和歌山県すさみ町の江須崎の例をあげている。

　昭和30年（1955）までの江須崎は西日本の照葉樹林を代表するような大森林で、多種多様な巨樹・巨木が繁茂し、そこが海岸の小島であるとは考えられないほど深い森であったという。

　国指定の天然記念物だったこの地に町が道を付けたのは昭和50年（1975）、観光開発が目的だった。道ができるとまだ舗装もしないうちから胸高直径1mを超す巨樹が次々に枯れだした。わずか幅員2mほどの周遊道路によって原生林はすっかり荒廃し、林相は激変したのである。

　後藤氏はこの道路と樹木枯れの因果関係・根本原因には言及していないが、**初めに枯れた道近辺は別のタイプの森林に質を変えて回復したが、約40年が経過して、中央部の主要な森林の荒廃はもっとも盛んで、止まる見込みがない**と書いている。

　つまり時間差で奥に・上部に、荒廃が移動・進行しているのである。江須崎のある熊野枯木灘海岸は黒潮のぶつかる多湿・多雨な場所である。やはり気・水脈の詰まりが原因と考えると理解しやすい。

「魚つき林」と「入江」の重要性

　さらに後藤氏はこの本の中で「魚つき林と入江」の重要性を書いている。

　海の漁師たちは経験的に海岸林の重要性を知っていて、農家の人たちとともに痩せ地でも育つウバメガシやヤマモモを植樹していた時代があったという。

　海岸の森を囲いとして、内側を農地や生活圏にすることで、森が潮風や乾燥を防ぎ、鳥たちが棲むことで虫害が抑えられる。森があれば生活圏から流れた栄養分のある水や泥は濾過され、適度な栄養分と一定の水量になって海へ流れる。磯はその海水で植物性プランクトンや海藻が育ち、さらに海藻を食べる貝が育ち、沖合から魚が産卵に来る。ここで生まれた無数の小魚がプランクトンを食べて大きくなる。やがて沖合へと出て成魚になる。

　ところが**近年になって木を伐り、山を崩して道を付け始めた。海で育って山で生活するカニ類などは道路で踏み潰されてしまう。「それが目に見えるカニだけの話ではじつはないのです。海が陸地から恩恵を得ら**

和歌山県すさみ町にある江須崎島（撮影 2013.5）。暖地性植物群落が国の天然記念物。周遊動路で荒廃する前は森の樹高が5～6mも高かったといわれる

かつて食卓を賑わせた紀伊半島の川エビと磯貝。田辺市の富田川（上流にダムはない）と白浜近くの磯で。どちらも少なくなった

れる部分は、全部シャットアウトされたということです」「周囲に道をつけて、護岸のところどころに穴をあけて水を流し出すなんて、安定した生態系ではありえない」。これで海岸線に魚が育たなくなった。

さらに漁業、魚の生活にとって一番痛いのは入江を埋めたことである。入江は海の汚れを溜め込んで浄化する場所でもある。その入江を汚いといって埋めてしまった。かつて漁業を永続するために山に木を植えたというのに、昭和30年代以降、漁業関係者の要望が「海岸線を埋め立てて漁港をつくる」方向に変わったのだ。

海岸線を埋め立ててしまったら漁業がつぶれてしまう、という心配の声に「大きな港をつくって、大きな船をつくって、沖へ捕りにいけばいい」という理屈が通ってしまった。しかし、沖合の魚は沿岸の磯で産卵するし、入江の浅瀬で稚魚が育つ。沖に捕りに行くにも魚がいないわけである。だから今は外国まで捕りに行く。そして海を汚す養殖漁業が増えてしまった。

荒廃する全国の社寺
鎮守の森は巨大な浄化装置

日本中に点在する神社仏閣には「鎮守の森」がセットになっている（むしろ森や岩が先に祀られ、建物は後からできたと考えられる）。森には大樹・巨樹が必ずあり、太古から不伐とされていたためにその根の広がりはかなりの範囲に及び、周囲の森の木々とも菌糸（※5）で結ばれネットワークをつくっている。森全体として地下水の涵養や空気の清涼化の機能も大変大きいものだった。**鎮守の森は巨大な浄化装置として機能していた。**

神社仏閣には敷地に池を置いている場合が多いが、自家用車が普及した昭和期に、その駐車スペースのためにつぶしてしまった例が多数ある。**池という浄化装置を失い、コンクリートやアスファルトで固め、さらに建物を増築するなどして空気や水の流れを混乱させてしまったがゆえに、その地のシンボル的な巨樹が**

※**5 菌糸**：菌類の栄養体が構成する糸状の構造。先端部で細胞壁がつくられるので長く伸び続け、有機物を栄養源・エネルギー源に自然界では分解・還元者として働く

境内にシャクナゲが咲く、奈良県室生寺の池（撮影 2018.4）

次々に疲弊し始めている。これは神社仏閣だけの話ではない。戦後の強引なコンクリート土木工事による気・水脈の破壊は、全国各地広大な範囲に及んでいる。

使われなくなった溜め池と井戸

沢や河川が空気と水の通り道であり、浄化装置であるのは見てきたが、**日常使われていた「井戸」は「大地の再生」視点から見れば「点穴」として機能していた。** 昔はどこの町中にも井戸はあった。そして周囲に雨水が浸透する地面があり、そこには草や樹木があった。井戸を使い続けることで周囲の植物は活性化し、また植物の根と地中の微生物が雨水を浄化しながら地下水を涵養してもいた。いま、上水道の普及につれ使われなくなった井戸、埋められてしまった井戸が大変

増えた。現役だとしても、水量が減ったり、水質が悪くて飲めない井戸が出てきてしまった。

雨量の少ない地方においては水田の水を確保する溜め池が多数つくられている。それらの**溜め池もまた、大きな浄化装置と見ることができる。定期的に水を抜いて泥上げされることで、巨大な「点穴」となり、周囲の地中の空気を動かして木々を活性化させたのである。そしてその泥は田畑に肥料として入れられただけでなく、海まで流れて栄養塩となり、プランクトンや海藻を育てていた。**

溜め池もまた使われないものが増えた。農家の高齢化、機械化できない小規模な棚田の放棄、用水路の発達などが理由だ。よく管理された小さな溜め池は宝石のように美しく、泥上げの際に収穫された淡水魚は食卓にのぼって、各地で独特の食文化を築き上げてきた。今ではコンクリート護岸と外来種が棲む池が多く、古来からの生態系はズタズタに破壊されてしまった。

ウナギはどこに？　消えた石積み

ウナギの稚魚が激減し、ウナギの価格が高騰して久しい。ひと昔前まで、ウナギはそれほど珍しい生き物ではなかった。サケやアユなどと同じように海と川を行き来する魚の代表格だが、昔はそれこそ山の上の田んぼにまで上がって来ていたし、ウナギ筌（せん）と呼ばれる竹でつくった細長い籠がはちきれそうなほどたくさん入った……という話は年寄りからよく聞く。

海で生まれたウナギは川を遡上して5年から数10年のあいだ川で育つので、流れを分断するダムや砂防堰堤がその遡上を妨害する。「ウナギの寝床」という言葉があるように、夜行性のウナギは日中はその体に見合う石の下や細長い穴の中に身を潜めている。昔の石積み護岸のすき間などは、ウナギにとってきわめて重要な寝床だった。

その石積みも消え去ろうとしている。日本の山村はどこに行っても石垣があるが、それを積めるお年寄りがすでに鬼籍に入られ、次の世代に伝承することができなかった。コンクリートの技術があまりにも便利だったし、不定形の石を職人感覚で積むという石垣は、構造計算や数量計算が不可能なために公共事業で使われることがなかったからだ。

しかし、**空気や水を遮断しないという点において、石垣はきわめて自然親和的な構造物であり、それに寄り添う植物をよく育てる。そして崩れたとしても部分的に小規模で収まり、崩れた石を使って何度でも再生できる。一方、コンクリート擁壁は崩れるときは大きなかたまりのまま滑り落ち、その破壊度も大きく、同じ素材で再生できない。**台風の大雨のとき同じ場所で「古い石垣は残ったのにコンクリートのほうが崩れた」という話を聞くのは、水抜けの悪いコンクリートに水

香川県にある Gomyo 倶楽部の溜め池。外来魚がいないので水生昆虫・魚類が豊か。浮いているのはコウホネ（撮影 2022.4）

セキショウを育てながら透明な水を流す石垣水路。石には鮮緑の苔がつく。京都南禅寺（金地院）付近（撮影 2018.10）

二〇一一年紀伊半島豪雨の崩壊ヒノキ林と下流の土木工事（撮影 2013.5）。この一帯だけで工事費は三〇億円を超える

を含んだ土圧が一気にかかるからである。

表土を流した荒廃スギ・ヒノキ人工林
——もはや再生不可能？

　水の豊かな日本は植物に大変恵まれた国であり、伐採跡地や草原を放置すれば勝手に木が生えてきて、10数年もすればそこそこの森になってしまう。伐採して裸地にすればすぐに草が生え、陽樹のパイオニアツリーが後を追って自然に伸びてくる。また、広葉樹の伐り株を残せばそこから萌芽枝が生え、雑木林の炭焼きはその循環を生かした施業だった。

　ところが雨が多いという特質は、条件が悪ければ表土を流してしまう。一斉に植林されたスギ・ヒノキ林の間伐が遅れると、樹冠が密閉して林床に光が差さなくなり、ほかの植物が消えてしまう。上空から見れば緑の山なのだが、地表は砂漠でそこに雨は容赦なく叩きつける。かくして地表に堆積していたタネも流されてしまう。広範囲に放置林があると風や鳥たちが運ぶタネも期待できない。加えて先に書いたように沢が荒れて風が停滞し、泥溜まりができ、斜面がグライ化してタネそのものが発芽しにくい状況になっている。

　もはやふつうの間伐だけでは手遅れなうえに、山としての再生能力が極端に落ちている。野生動物の食害という後追いもある。これからは、巻き枯らし（※6）を含めた強度間伐だけでなく、「大地の再生」的処方をセットにしないかぎり、日本の人工林は救えない状況にまで追い込まれてしまった。

> ※6 巻き枯らし間伐：幹にぐるりとノコ目を入れたり皮をはぐなどして立ち枯れにする間伐法。枯れることで枝が上がり葉が落ちて林床に光が差し、残された木の支えとなり風雪害を防ぐ

生き物たちが行なう大地の再生
——獣害・虫害はどうしておきるのか？

　獣害といえばイノシシが暴れたように掘った跡をよく見かけるようになった。餌を探して、あるいは「ヌタ場」（泥深い水溜まりなどで体についた虫や汚れを落とすために泥浴びをする場所）に使って、という見解が一般的だが、よく観察してみるとそれだけでは説明つかない掘り跡に多数出会う。実は、彼らは荒廃した餌場を再生させるために、溝を掘って空気通しをしてくれているのでは？……というのが「大地の再生」的見解である。最近の若い猟師にこのことを話すと意外や納得してくれる。

　牛や馬なども、草を食べるとき地ぎわから食べて裸地化するようなことはしない。あたかも「風の草刈り」をするかのように、草を育てるように食べている。

　植物の風通しが悪いとそこにチョウやガが産卵して、イモムシや毛虫がいっせいに葉を食べ始めて穴だらけにするが、植物にとっては食べられることで風通しをよくしてもらっている。植物にとって風はとても重要なもので、風が通ることで病原菌をなくしたり、自らの枝を太く生長させたりするのだ。

　地中の生き物たちも「空気通し」に参加しているといえる。たとえばモグラ、小さなところではアリ、ジガバチ、ある種の甲虫（ゴミムシや糞虫の仲間）、セミの幼虫などもそうである。彼らは生命活動することによって、大地を活性化させている。このようにつねに植物と動物の相互扶助の関係が息づいている。

大地と水脈の変遷

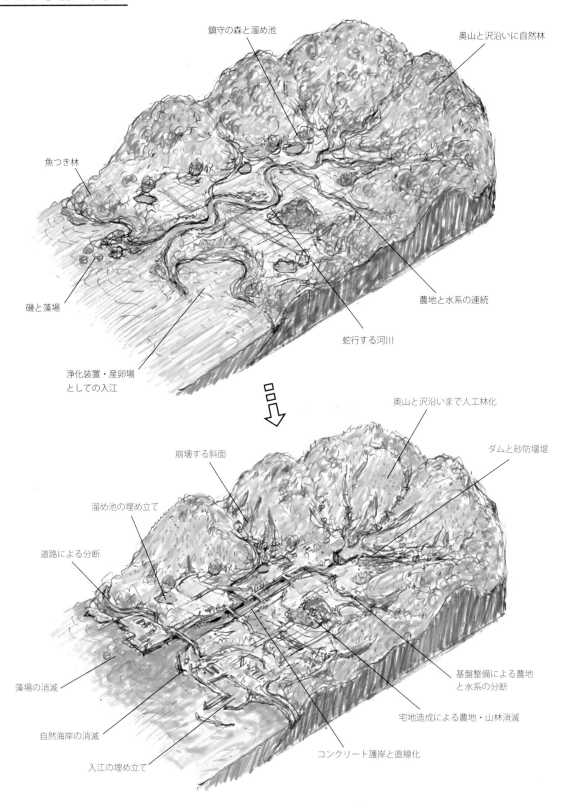

鎮守の森と溜め池

奥山と沢沿いに自然林

魚つき林

磯と藻場

農地と水系の連続

蛇行する河川

浄化装置・産卵場
としての入江

崩壊する斜面

奥山と沢沿いまで人工林化

ダムと砂防堰堤

溜め池の埋め立て

道路による分断

藻場の消滅

基盤整備による農地
と水系の分断

宅地造成による農地・山林消滅

自然海岸の消滅

入江の埋め立て

コンクリート護岸と直線化

住環境の変遷

かつての木造建築は石場建て（p.49 参照）で土の部分が多く風通しがよかった。また敷地まわりが自然石の石垣や垣根など、すき間のある素材でまとめられ、つねに空気の流れが保たれていた。植栽もまた細根が発達した健全な状態で、地面の空気通しに役立っていた

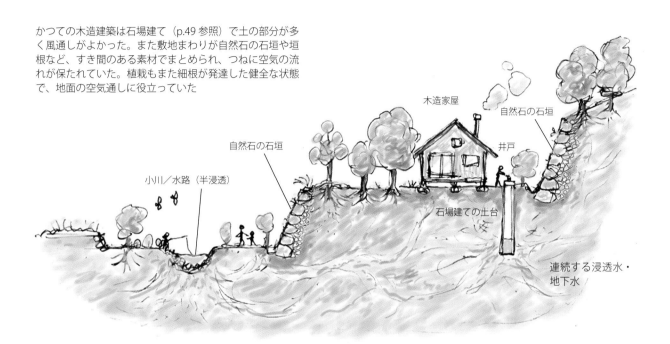

木造家屋
自然石の石垣
井戸
自然石の石垣
小川／水路（半浸透）
石場建ての土台
連続する浸透水・地下水

現代の住居はたとえ木造であってもコンクリート・ベタ基礎であり、地中に負荷を与えている。敷地まわりはコンクリートで固められ、庭に木を置くことは少なく、むしろ邪魔者扱いされて伐られてしまう。井戸は上水道の普及によって埋められてしまう

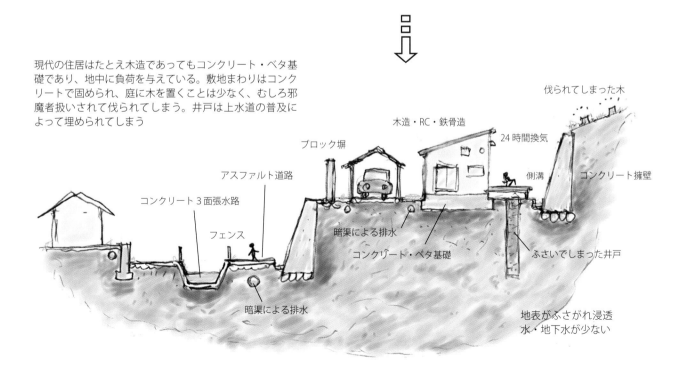

伐られてしまった木
木造・RC・鉄骨造
24 時間換気
ブロック塀
側溝
コンクリート擁壁
アスファルト道路
コンクリート 3 面張水路
フェンス
暗渠による排水
コンクリート・ベタ基礎
ふさいでしまった井戸
暗渠による排水
地表がふさがれ浸透水・地下水が少ない

3 その再生・解決法、
希望はある、回復は早い！

植物を味方に、7つの再生手法

　以上のように、長年のうちに大きく疲弊した環境があらゆる場所に蔓延してしまった。それらを復活・蘇生させるのが「大地の再生」の手法であり、その技術内容は次項からの7つにまとめることができる。

　地中の空気が詰まって動かなければ、水も動かない。しかし「風の草刈り」によって空気を動かし、植物の根を細根化させることで地中の空気も動かす。また、地面に溝や穴を掘り、さらに有機資材を入れることで、気・水脈を活性化させる。すると菌類や微生物の応援もあって樹木が本来の姿を取り戻し、彼らがさらに再生を応援する。そのおかげで**何十年にもわたって疲弊してきた大地が、驚くほど速やかに再生を始める。それほど植物たちの反応は早い。**

　「大地の再生」の講座には若い参加者に大変人気がある。彼らは高度経済成長期の自然破壊や文化的破壊

水切りによって新芽を出し始めたカキの樹。西日本豪雨跡地で（撮影 2018.9）

以後に生まれた世代であり、かつての日本の豊かな自然を知らない。「昔ここにはたくさんの魚がいてホタルが飛んでいたのだが……」とか、「雑木林でカブトムシやクワガタがたくさん採れて、さまざまなチョウたちが乱舞していた」というような、昔話を羨ましく聞く存在だった。彼らが「大地の再生」に希望を見出すのは、講座の作業の中でその再生の確かさと早さを

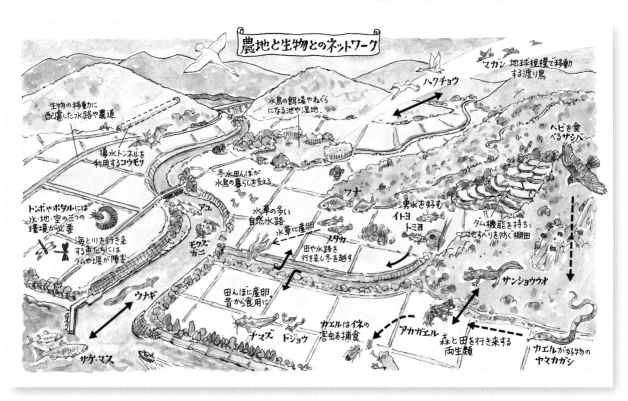

36

実際に感じ、また直感的にその効果を理解できるからにほかならない。

それには特別な資材や道具はいらない。まずはスコップや移植ゴテ、ノコガマや小さなチェーンソー、刈り払い機でできるのだ。そして炭や枝葉、丸太、粗腐葉土やチップなどの有機資材は、全国の野山に手入れを待ちながら無尽蔵にある。

農林漁業の一次産業に従事する人も、この原理と手法を習得するだけで、環境が復活しながら収穫が上がるという驚きと感動を体験できる。そしてそれらは流域の中で、動植物たちと手をつなぎながら連動していく。

①風の草刈り——基本は高刈り、地ぎわ切りは一部だけ

植物はその地上部の枝葉の姿と地中の根の姿は相似形になっており、枝葉をうまく刈ることで、根の形をコントロールすることができる。現在一般に行なわれている草刈りは刈り払い機(エンジンカッター)を使って地ぎわから徹底して刈るが、それだと刈られた植物は反発して強根を出し、強く伸びようとする。地ぎわで一斉に刈ってしまうと、風が表面をサーッと通り過ぎてしまい、大地に空気が入らず土が硬くなる。そしてある種の強い植物(たとえばイネ科の植物など)が優勢になってしまう。温度や光環境も激変するので、地面の生き物(クモやカエル、バッタなど)たちにも影響を与える。

しかし、「風の草刈り」と呼ぶ高刈り(撫で刈り)をすることで根は細根化し、地上部の生長も穏やかになる。細根が地中の空気通しをよくして、地面はさらに軟らかくなる。

具体的には草が風で揺れる場所・曲がる位置で刈る。手ガマを使う場合はノコギリガマを、刈り払い機の場合はチップソーでなくナイロンコードを用いる。すると切断面は刃物のときとまったく違うギザギザになる。この切り方だと茎葉が再生するとき直上せずに分岐を誘い、穏やかな伸び方となり、地中に細根が出やすくなる。伸び方も遅くなるので結果的に地ぎわで刈

るよりトータルの作業量はずっと少なくなる。

ところどころブロック状に風の抜け道をつくり、その風の通路だけ地ぎわから刈り、側面はカマボコ状に整える(p.38 p.65 参照)。そうすることで風が滑らかに、均等に流れ、かつ草の中にも風が入りやすい。どこにすき間をあけるのか? は地形に聞きながら、やや低いところに沿って植物の背丈が低く見えるので、そこを抜くのがいい。雨のときはそこが水脈になるは

左手を添えずスナップを利かせてカマを振る「風の草刈り」のフォーム

「風の草刈り・剪定」の作業後。刈り跡はやさしい表情に。かつてササが繁茂していた荒地が1年で双子葉植物の草地に変化

風の草刈り

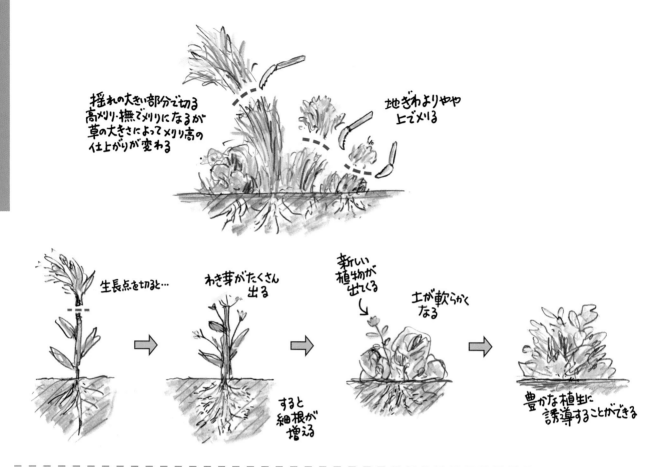

揺れの大きい部分で切る
高メリリ・撫でメリリになるが
草の大きさによってメリリ高の
仕上がりが変わる

地ぎわよりやや
上で刈る

生長点を切ると…

わき芽がたくさん
出る

すると
細根が
増える

新しい
植物が
出てくる

土が軟らかく
なる

豊かな植生に
誘導することができる

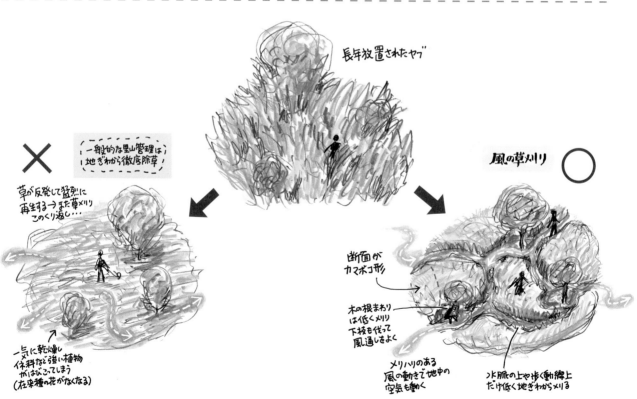

長年放置されたヤブ

✕
一般的な里山管理は
地ぎわから徹底除草

草が反発して猛烈に
再生する→また草メリリ
このくり返し…

一気に乾燥し
イネ科など強い植物
がはびこってしまう
(在来種の花がなくなる)

風の草メリリ ○

断面が
カマボコ形

木の根まわり
は低くメリリ
下枝も伐って
風通しよく

メリハリのある
風の動きで地中の
空気も動く

水脈の上や歩く動線上
だけ低く地ぎわから刈る

草刈り前　　　　　　　　　　　　「風の草刈り」後にわき芽が出た状態

◀写真は広葉雑草の例だが、対してイネ科雑草の生長点は地ぎわにある。だから地面近くで刈るとイネ科雑草ばかり多くなる。高刈りなら摘心と同じ原理で、広葉雑草は新芽・わき芽をたくさん出して、イネ科雑草を光遮断で抑制する。農家にとって高刈りはクモやカエルなど土着天敵を守ることにもなり、草刈り機の刃の減りや燃料を節約できて経済的

ずで、水脈の上は風の通りをよくするのが基本だ。目標が見えなければ、自分で「ここを抜いたら気持ちよさそうだな」と感じたところを基準にしてもよい。

②風の剪定──自然樹形に戻す、風通しのために切る

長く放置された荒地に風の草刈りを行なうときは、草と同時に低木の剪定やツル植物の処理も必要になる。この場合の**剪定は切ることが目的ではなく、風通しを見ることが重要で、木が呼吸しやすい風通しをつくる。**

道具はノコガマより厚みのあるカーブソーがよい。剪定バサミではできない「引き切る」「削ぐ」というやり方で中の詰まりを開けることができる。いわば「風の剪定」だが、その場所と植物それぞれに見合った風が抜けるように、バランスを見ながら叩くようにして枝葉を落としていく。

太い枝や幹を切り落としたいときはつけ根や地ぎわから伐らずに、曲げて（揺らして）みてもっとも曲がるその中央で伐ると、細根が出て穏やかになる。全体の重心バランスを見て自然樹形に整える。地ぎわの草刈り→透かし→切り戻し→先端刈り払い、の順に整えていく（p.71参照）。

クズなどのツル植物も地ぎわから切ると勢いを増して手に負えなくなる。胸あたりの高い位

置で切る。すると次に伸び出すツルは軟らかくやさしい。ツルは樹冠の空いた部分を覆うことで樹形を代行してくれるのだから、根絶やしにせず共存していい（やがて縮んでくる）。

これまで里山整備の多くは放置竹林やササヤブ、草

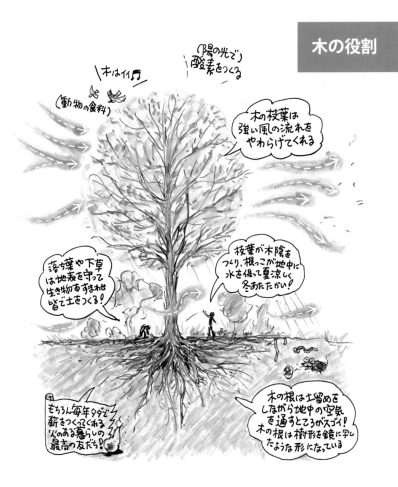

木の役割

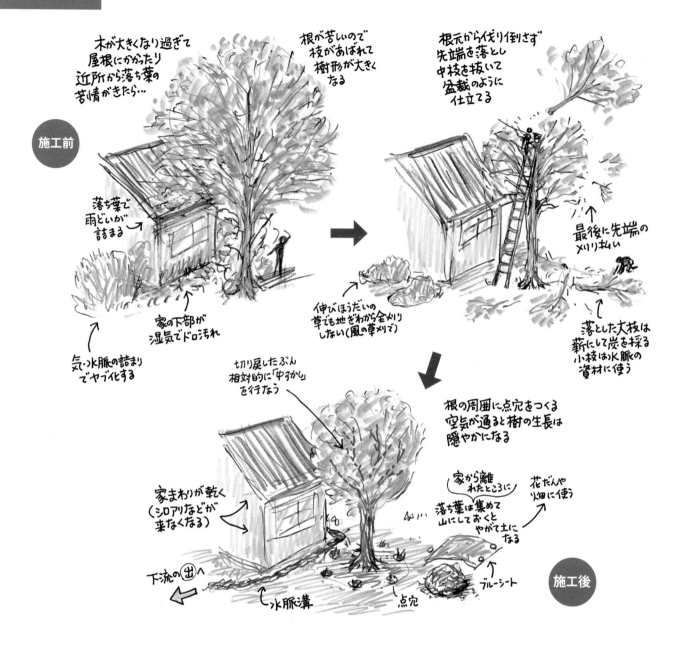

施工前

木が大きくなり過ぎて
屋根にかかったり
近所から落ち葉の
苦情がきたら…

根が苦しいので
枝があばれて
樹形が大きく
なる

根元から伐り倒さず
先端を落とし
中枝を抜いて
盆栽のように
仕立てる

落ち葉で
雨どいが
詰まる

家の下部が
湿気でドロ汚れ

気・水脈の詰まり
でヤブ化する

伸びほうだいの
草でも地ぎわから全刈り
しない（風の草刈りで）

最後に先端の
メリリ払い

落とした大枝は
薪にして炭を採る
小枝は水脈の
資材に使う

切り戻したぶん
相対的に「中すかし」
を行なう

根の周囲に点穴をつくる
空気が通ると樹の生長は
隠やかになる

家まわりが乾く
（シロアリなどが
来なくなる）

家から離
れたところに

花だんや
畑に使う

落ち葉は集めて
山にしておくと
やがて土に
なる

下流の出へ

水脈溝

点穴

ブルーシート

施工後

地を徹底的に刈り払うことを繰り返してきた。しかし風が通り過ぎるとかえって再生する植物たちは暴れ始め、イタチごっこになっていつまで経っても終わらない。むしろ省力的に「風の草刈り・剪定」を行ない、数本の風みちを空けてやるほうがはるかに合理的なのである。これに、水脈整備・沢の掃除を加えることで地中の空気が動き、植物が細根を出し穏やかにコンパクトに姿を変える。つまり、自ら空間をつくるようになり、自然が逆に応援して

くれる（自ら植生を変化させる）ようになるのだ。

　風の草刈りも剪定も、その本質から見てもっとも重要なことは「どこまで刈るか（空け加減）、どこまでやるか（エリアの加減）」ということで、それが噛み合うと相乗効果が生まれる。

③小さな水切りが与える変化
──表層5cmの水脈と空気流

　洪水や土石流を受けた被災地などでは、周囲の片付

けが終わっても水溜まりができ、水はけの悪い土の場所ではそれがいつまでも残る。放置しておくと雨のたびに底に泥が溜まり、それが乾くと泥ボコリが立つ。また細かい粒子が土のすき間をふさぎ、地中に水が停滞して還元（無酸素）状態となり、グライ化することがある。すると周囲の植物の根がダメージを受け、また空中にも有機ガスが放散されるので、周囲の環境も疲弊していく。そして、ゼニゴケのような陰気な植物がはびこってしまう。

これを消すにはスコップ、三つグワ、移植ゴテなどの道具を使って溝を切り、水溜まりの水をレベルの低いほうの側溝などへ導いてやればよい。

移植ゴテ1つあれば、雨の日に水溜まりができる庭などにも応用できる。**水溜まりの周縁から切れ込みを入れて、流れが導かれるのを確認しながら、深さ3〜5cm、幅は8〜15cm程度の水切りを地面に走らせていく。最終的に落とし込む側溝や枡などがなければ、大きめの点穴をつくってそこに浸透させるようにしてもよい。**

駐車場の水溜まりを、表層5cmの「水切り」で解消する

乾いた水溜まり跡には炭や有機物などでグランドカバー（※7）をしておく。また水切り溝は、役目を終えても小さな風みち水路として機能するのだから、ふさがないで炭や小枝・割竹などを入れて（溝がつぶれるのを防ぐ）、車のタイヤが横断するところには板などで覆っておくとよい。

山間部の民家周辺では、雨の日に水が走り過ぎる場所もできる。農道などではこれが顕著で、流れが土を削って泥水が出る。また雨水が地面に浸透しないばかりか、加速度のついた水流は周囲の浸透水まで引っ張ってしまう。これはやはり植物にとっていいものではない。走り過ぎを抑制するには、

1) 流れの抑制・分散化
2) 落差工（段差をつける）
3) 流れを蛇行させる

という方法がある。被災地での仮設工事ではこれを周囲の石や流木などを用いて簡略的に行なうが、農道や家の敷地内では「抵抗柵」を使うといい（p.92参照）。

※7 グランドカバー：水脈・点穴などの施工を終えた後、最終仕上げとして粗腐葉土や木質チップ、炭などを撒くこと（自然の雨風が周囲にあるものを地表面に敷き均していくイメージで）。これにより植生回復も早まる

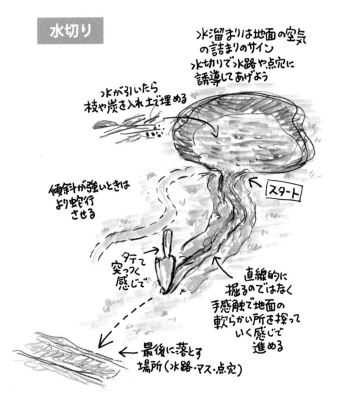

水切り

水溜まりは地面の空気の詰まりのサイン
水切りで水路や点穴に誘導してあげよう

水が引いたら枝や炭を入れ土で埋める

傾斜が強いときはより蛇行させる

スタート

タテで突っつく感じで

直線的に掘るのではなく手感触で地面の軟らかい所を探っていく感じで進める

最後に落とす場所（水路・マス・点穴）

「通気浸透水脈」の仕上がり状態（赤丸が「点穴」）。枝葉の有機資材の中にコルゲート管が埋め込まれている

取り付けはコンクリート型枠用セパレーター金具を流用

堅く固定し過ぎると脈は詰まりやすくなるので注意！

※8コルゲート管：ポリエチレン製の有孔蛇腹管。「大地の再生」では内径八〇〜一〇〇ミリがよく使われる

④水脈溝と点穴──荒療治にはコルゲート管を

　広い敷地を計画的に再生させる場合、動脈としてやや大きい水脈溝「通気浸透水脈」を掘る。その溝には炭を入れ、さらに伐採枝などを噛み合うように入れると、溝が崩れず微生物や菌類も増えていく。

　溝の曲がりや合流点などにはやや大きめな縦穴（点穴）を掘っておくと、縦方向にも空気が動き、地下浸透もしやすくなる。この溝や点穴の幅や深さは現場の状況（土質や詰まりの状態）によってまちまちで、埋め戻しの仕上げ（どの程度埋め戻すか）もケースバイケースだが、これらは次章で詳述する。

　また確実に大きな通気や水流を保ちたいラインには、補助として有孔管「コルゲート管」（※8）を入れるとさらに効果的だ。その場合「点穴」にコルゲート管の末端を立てて吸気口のように出したり、あるいは短く切ったコルゲート管を立てて設置する。

　いずれにしても通気浸透水脈と点穴は、「大地の再生」における地下部施工の核心部であり、この水脈がマクロの地形の河川や水路などに融合・合流することが大切になる。

　小さな水切りが毛細血管なら、この水脈溝は動脈といえよう。そしてその脈は沢や河川へ、そして海へとつながっていく。小さな水切りから始めたこれらの変化は、周囲の山や尾根筋の風や水をも動かす力をもっている。風はつながっているのだし、植物の根は驚くほど長く根を伸ばすことがあり、そうでなくても菌糸によって、道路や構造物を地下でまたいでつながり、交信し合っているのだ。実際、施工をした敷地の中だけでなく、道路の向こうの敷地まで変化をきたすことがよくある。水脈溝の構築や沢の掃除はバカにならないのである。

⑤抵抗柵と植栽土木──荒れた里山は有機資材の宝庫

　これらの通気浸透水脈で用いられる有機資材や炭は、現在の里山から容易に入手できるものであり、すなわち現地調達が可能で、かつ「採取＝手入れ」にな

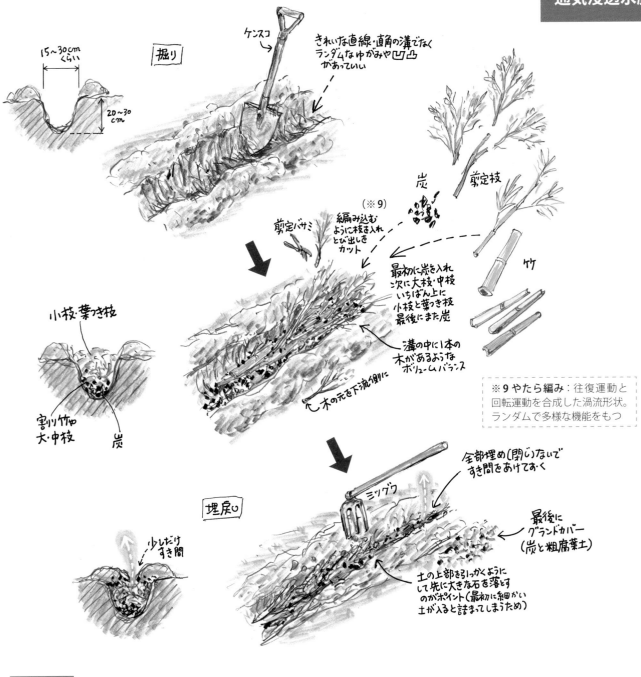

掘り

15〜30cm
くらい

20〜30
cm

ケンスコ

きれいな直線・直角の溝でなく
ランダムなゆがみや凹凸
があっていい

炭

剪定枝

剪定バサミ

編み込む
ように枝を入れ
とび出しを
カット
（※9）

ケケ

最初に炭を入れ
次に大枝・中枝
いちばん上に
小枝と葉つき枝
最後にまた炭

溝の中に1本の
木があるような
ボリュームバランス

木の元を下流側に

小枝・葉つき枝

割リ竹や
大・中枝

炭

※9 やたら編み：往復運動と
回転運動を合成した渦流形状。
ランダムで多様な機能をもつ

埋戻し

ミツグワ

全部埋め（閉じ）ないで
すき間をあけておく

少しだけ
すき間

最後に
グランドカバー
（炭と粗腐葉土）

土の上部を引っかくように
して先に大きな石を落とす
のがポイント（最初に細かい
土が入ると詰まってしまうため）

掘った土は1ケ所に
集めず、まわりに盛る

炭を入れ
枝を放射状に
（ランダムに）差し
込む
（※9）

人の通りには
ケケガをかぶせ
ると安全

葉っぱなどをラセン状に
巻いてかぶせる
炭や石を入れて
土を寄せる
（中央は開けておく）

ることから所有者にも喜ばれることになる。直径5cm以下の枝なら末端の葉つきの小枝まで利用できるし、竹材は太い幹部から末端の枝葉まで、余すところなく使える。**とくに竹の枝に関してはこれまでまったく使い道がなく、処理に困り果てていたところだが、水脈溝の素材としては非常に使い勝手のいいものである。**

後述する「植栽土木」や「抵抗柵」、そして崩壊斜面の土留めには丸太や丸太杭が必要になるが、現在どこに行ってもスギ・ヒノキの放置林があるので、間伐作業により最上級の土留め丸太や木杭素材が容易に入手できる。

炭は「大地の再生」施工に欠かせない重要な素材だが、専門の高価なものは必要ない。焚き火をした後の消し炭（熾炭）でも可能だし、もちろん竹炭でもよい。現地で「伏せ焼き」（p.126参照）したりや無煙炭化器（※10）などで焼いて調達してもよい。いずれにせよ、「大地の再生」手法が全国で一般化するとき、役立たずでお荷物だった荒廃竹林や山林は新たな意味をもってくる。それらの環境資材が金銭的な価値をもち、地域で流通することになるかもしれない。

※10 **無煙炭化器**：中で焚き火するだけで効率よく炭化させられる金属（ステンレス）容器が市販されている

放置された里山の手入れで容易に有機資材を入手することができる

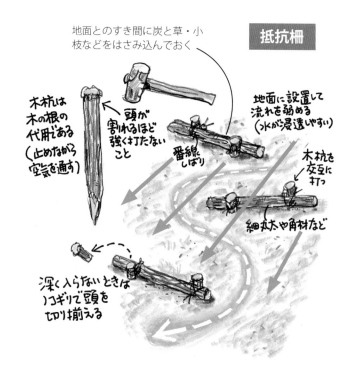

抵抗柵

地面とのすき間に炭と草・小枝などをはさみ込んでおく

木杭は木の根の代用である（止めながら空気を通す）

頭が割れるほど強くは打たないこと

番線しばり

地面に設置して流れを弱める（水が浸透しやすい）

木杭を交互に打つ

細丸太や角材など

深く入らないときはノコギリで頭を切り揃える

⑥沢や水路の再創造——流路をつくり泥アクを流域に分散、浸透させる

先に書いたように、地面の詰まりが限界に達すると自然は崩壊（崖崩れや土石流など）して通気を取り戻そうとする。崩壊した土石は下流にばら撒かれ、川や沢があれば新たなルートで流れができる。あるいは木々の枝が風で折れて密生したヤブに風穴が開く。崩壊後に落ち着いた石や泥は、あたかもレイアウトされたかのように安定した位置で収まり、水と空気の流れはリズムと均一さを取り戻している。

しかし、時間が経てばまた停滞が始まる。本来流れるべきところが停滞すると水溜まりができ、乾くとぬめっとした表情を見せる。その「泥アク」の地下は酸素のない還元状態となり、有害なガスを出している。すると周囲の植物が弱る。植物の根が伸びないので地形も脆くなる。

川や沢の掃除は、その自然がやりきれていない停滞に手を加えてやることだ。バロメーターは泥水が消えること。淵と浅瀬の蛇行をバランスよく配置する。

停滞してよどんだ淵には底に泥溜まりができてアク

詰まった泥アクが流れて沢の透明な水を取り戻す作業は、誰しも夢中になる（Gomyo倶楽部）

を流すが、落ち葉を取り去ってほどよい流れを取り戻してやると、泥が流れ、また一部は団粒化（※11）してアクが消え、水が透明になっていく。1カ所に水が集中して流れが早すぎる瀬では、石を移動したり新たな石を設置したりして流れを分散することで、豪雨時の掘削を抑止し、浸透機能を高めることができる。

ほどよく作業ができれば、雨量が増えたときさらに自然の強い力が働いて、アクが消える。やり過ぎると大雨のとき水が走り過ぎて、泥が流れてしまう。**これらの作業の加減は数値化できないが、水音の変化で確認するとよい。「サラサラ」という耳に心地よい音が、全体から共鳴して聞こえてくる。**気持ちがいい、息ができる……という感覚を大事にする。それは人に最初から備わっているもので「五感」を通して感じ取れるものだ。

※11 団粒化：一般に腐植と粒子の細かい粘土やシルトが土壌生物や菌糸によって凝集することをいうが、水流と攪拌のエネルギーでも団粒化がおきる

⑦仕上げはグランドカバー
——炭の効用と枝葉のフィルター

たとえば果樹園などでは、草を生やせば果樹の養分を奪い、風通しを悪くして病害虫を呼び込む……と考

えがちだが、一方で植物の根は通気・通水・保水・保気という機能をもっている。草が生えることで、草の根が地中の空気通しをよくして、地面はさらに軟らかくなる。法面に灌木などがあれば、農道まで根を張るようになり、雨に浸食されにくい道ができる。敷地が広くなればなるほど、草という自然を取り入れたほうがはるかに有利なのだ。

除草剤で管理している果樹園に草は生えていない。付近の農道も空気の通りが悪くなり、タイヤによる締め付けもあって草が生えない。空気が通らぬ嫌気的な土壌になると、植物の根が衰弱するので負の連鎖がおきる。コンクリート構造物で仕切られた農地はとくにこの傾向が強いが、「大地の再生」の管理手法で空気と水の通りがよくなれば、草は自然に生えてくる。

粗腐葉土・木材チップ・刈り草などの有機物と、炭をセットにまいておくと（グランドカバー）、裸地にも草が生えやすくなる。それらが泥はねを防ぎ、表層水の流れを弱めて通気・通水機能を高めてくれるからだ。グランドカバーの処置は、水切りによって解消された水溜まり跡にも効果的である（深さがある場合は枝などの有機資材と石などでかさ上げする）。

炭は多孔質で空気を通し、保水機能をもち、微生物の棲みかになる。それだけでなく有機物が分解の過程で出す有機ガスを吸着してくれる。炭は泥をかぶると穴が詰まって機能が落ちる。だから泥漉しとして有機物をセットに使うことで、炭の機能も守られる。炭は有機物と無機物をつなぐ強力な触媒なのである。

粗腐葉土と炭を混ぜたグランドカバー素材

4　全体の俯瞰──ミクロの「脈」とマクロの「流域」

流域を頭に入れ、細部を丁寧に──つながっている空気流

　各地で行なわれている「大地の再生」講座では、はじめに施工するその土地の地形図を資料として配布し、自分たちの位置を確認し合う。とくに大切なのは河川の位置のわかる流域図である。それもいくつかのスケールに分けた地図を参照し、敷地内のミクロの水脈分析から始まって、最終的に敷地の水はどの河川の流域に流れて、どの海（湖）に流れ出ていくのか、というマクロまでを確認する。都市部では雨水升から下水管に入ってしまい、流域を追えないことがあるが、地図から流入する河川や海域を類推することができる。

　その河川の源流はどこにあるか？　その頂点の山はどこか？　全体にどんな流れと山域になっているか？　途中に池（溜め池やダム）や鎮守の森はあるか？　位置関係から吹く風はどの方向になるか？　などを気・水脈の「ミクロとマクロは相似形」という意識をもって観察し、地形や水脈の俯瞰を頭に入れ、作業中にも

都市部ではの雨水枡やマンホールに水脈をつなげることも。既設管の調査も大切

それを思い浮かべられるようにする。

　空気も水も、すべては脈としてつながっているために、小さな手違いでも全体に影響していく。1つの構造物から美しい敷地の流れに発展していくこともあるのだし、これまで積み上げてきた水切りや通気浸透水脈、草刈り・剪定・植栽などが、最後の出口の処理やグランドカバーの手違いでダメになることさえある。

　デザインが先ではなく、空気視点でものをつくり発展させていく。すると、結果的にデザインができる。部分はもちろん重要だが、全体の俯瞰を忘れてはならず、脈の機能に思いを馳せ責任をもたねばならない。

意識して渦流をつくる

　自然の中には「直線」や「直角」や「平行」はない。均等な配列もなく、つねに曲線であり流線型であり、規則性はあってもそれは曲線や回転をともなっている。自然界の基本の動体は「螺旋」であり、そこを流れる空気や水にはつねに渦ができている。崩壊などによって雨風がつくる造形もまた不定形だが、1つの秩序をもっている。平板な面を風が流れるよりも、微妙な凹凸がある面を流れるほうが渦ができやすい。水流では、単調な流れに渦流ができることで泥アクが団粒化していく。団粒化がおきると水が早く澄みやすい。

台風雨による崩落に見る石の造形。自然がつくる骨格で安定した地形ができていく。神奈川県裏丹沢（撮影 2019.11.6）

「大地の再生」の構造物はそれを真似て、水脈溝に入れる枝は平行にきれいに置くのではなく、わざとランダムに、かつ編み込むように入れていく。そうすることで空気が入りやすくなり、そこを流れる水や空気に渦流ができる。自然の風と水の流れになぞらえて、作業の形を捉え、物の構築をする。

有機物・炭使い・蛇行がよいという発見

「大地の再生」の通気浸透水脈のアイデアは、最初「植栽木を育てるには水はけが重要だが、地中の空気が動かないと水は動かない」という気づきから始まった。溝や穴を掘ればそこに空気が動く。溝はつぶれないように中に砕石や有孔管を入れるとよいが、すぐに穴が詰まってしまうし、泥や有機物が中で腐敗しやすい。そこで無機物の配管ではなく、有機物の枝葉や割竹などを入れてみると、それをガイドとして空隙の間を水や空気が流れてくれ、微生物も棲みついて腐敗もおこらない。しかしやがて枝葉や割竹自身が腐蝕の過程で有機ガスを出すようになり、周囲の植物に不具合がおきた。そこで炭を抱かせることを思いついた。炭は多孔質で微生物の棲みかになる。それらが活性化してガスが分解された。これは効果的だった。

さらに溝は直線に掘るよりも、意識的に蛇行させたほうがよい結果を生むことを発見した。そこで蛇腹の有孔管（コルゲート管）を入れるなら蛇行もつくれるし、それに炭と有機物の枝葉や割竹を抱き合わせるという現在の方法に帰結した。

結果的に生まれる菌糸・バクテリア

通気浸透水脈の枝葉や割竹の空間にはやがて泥詰まりがおき、また上部に雑草がどんどん生えてくるので、草刈りや移植ゴテやクワなどで軽く掘りおこすメンテナンスが必要となる。が、生の枝や割竹を入れた場合はかなり長期間（5〜8年）腐らずに保つので、大きく入れ替えを考える必要はなく、部分的な補修で済む。有機資材が風化して土に還る頃には、周囲の樹木や植物たちが、通気浸透水脈の空間に根を伸ばして、空気の通る良好な状態に再生されているからだ。

中に入れたコルゲート管はくねくねと蛇行させて留め、枝葉はランダムに、編み込むように差し込んでいく

その頃には植物の根やそれにからむ菌糸がびっしりとはびこり、ネットワークをつくり、微細な空気穴が地中に張り巡らされる。有機物と炭、そして渦流を呼ぶランダムな枝組みと蛇行曲線、これらによって微生物資材などを使うことなく菌糸やバクテリアが自然に棲みつくのである。

ほどよい流れを保つことの重要性
——木の根に学ぶ「抵抗柵」

斜面を流れる水は、それが直線的で速ければ速いほど地下に浸透しにくく、斜面を侵食して泥水を出し、土砂崩壊のきっかけをつくる。また、強い直線的な流れは、周囲の斜面の水まで引っ張ることになり、周囲の植物にも悪影響を与える。

だから、斜面では流れは蛇行しながら、ほどよい速さで流れてほしい。自然の山では岩などがつくる起伏や、植物の存在（たとえば地表の出た木の根など）が、雨水がほどよく分散・浸透するように誘導している。それがないところでは、地面を掘る・石を置くなどして流路を変え、落差を付けるなど工夫する。また抵抗柵をつくって流速を落とす。

この方法は農道や山林の作業道、登山道などのメンテナンスに応用できる。素材は現地の石や枯れ枝、流木などを利用し、「抵抗柵」は角材などを用いてもよい（p.92 参照）。

5 小さな庭先から、新たな「土・木」施工へ

敷地を再生する基本と手順

小さな庭先に「大地の再生」思考で手を入れる場合、まず地形図から流域上下流のどこに庭が位置するか調べ、敷地への風や雨水の「入り」と「出」を確認する。市街地なら最終的に落とすべき雨水枡を見つける。そうして効果的な溝掘りのルートや点穴の位置を決める。

施業の基本としては

1）草を根絶やしにしない。むしろ裸地には草を生やす（除草剤は使わない）
2）木は伐らずに保護する（大きくなりすぎた木はコンパクトに仕立て直す）
3）水溜まりやジメジメした場所をつくらない

の３つを置き、**施業手順としては地上部の草刈りを優先し、地面の掘削はその後にする**。地上部を先に作業することで風のルートや水みちが観察しやすいからだ。すなわち作業の流れは、

1）風の草刈り・剪定で地上部の空気流を整える
2）家や構造物まわりに風が通るように、既存物があれば整理して置き場所を変える
3）水切り、通気浸透水脈溝、点穴などをつくる
4）整地とグランドカバー

という手順になる。**3）は必要なら規模を拡大し、小池をつくって出た残土で小山をつくるなど、敷地に意識的に起伏を付ける。**

水脈溝の有機資材は「風の剪定」で出た枝などを利用できるが、炭やグランドカバーの資材（粗腐葉土や木質チップなど）はあらかじめ準備しておく必要がある。

道具類──基本はノコガマと移植ゴテ

次章でもそれぞれ詳述するが、道具の基本はノコガマ（地表）と移植ゴテ（地下）である。ほかの道具は重機にいたるまでこの機能の延長・拡大と考えてよい。剪定用に剪定バサミ、カーブソー、穴掘り用にツルハシ、スコップ、クワなど。エンジン機器としては刈り払い機と小型チェーンソー。水脈溝の総延長が長い場合や池を掘る場合などは重機（バックホー）を用いる。

その他、杭打ちや横木の緊結に大ハンマー、番線カッター、シノ（p.91 参照）など。資材運びにブルーシート、炭やチップなどグランドカバーを撒くのに手箕。最後の掃除に熊手や箒、ブロワーなど。

もっとも詰まりやすい場所──土圧のかかる「斜面変換点」

敷地においてもっとも詰まりやすい場所は、まず建物と地面との「きわ」である。かつての石場建て（※12）建築は床下にも風が通り、地中への荷重も点分散されていたが、現代建築はベタ基礎がふつうになり、大地との関係を切断してしまった。それで水溜まりができる庭が増えてしまった。さらに他の敷地との境界である。そこにはコンクリートブロックの塀や、アスファルト道路と暗渠やU字溝など、大地を詰まらせ、地中の植物の根の連続性を断つような構造物が多いだ

作業はまず「風の草刈り」から

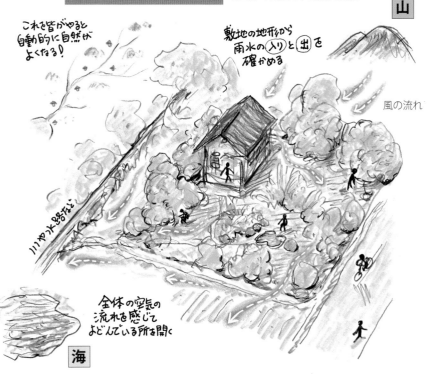

これを皆がやると自動的に自然がよくなる！

敷地の地形から雨水の（入り）と（出）を確かめる

山

風の流れ

ハリやまと路など

全体の空気の流れを感じてよどんでいる所を開く

海

ろう。

建物との関係を除くと、自然地形において詰まりやすいのは平地と山肌がぶつかるような場所、すなわち「斜面変換点」である。山間地を造成して家を建てたような場合、背後の擁壁や石垣の下部の「斜面変換点」にもっとも土圧がかかり、地中の空気が詰まる。さらにこのラインには雨水の誘導のためのU字溝が設けられていることが多い。U字溝自体が重さでさらに地面を圧迫し、空気詰まりを助長している。

これらの不具合を、植物と手を取り合いながら、水脈溝や点穴で解決していく。

※12 石場建て：礎石の上に直接柱が立つ建築。耐震性が非常に高いが、建築基準法の改正によって構造計算が厳格化され、住宅としては建てにくいものになっている。

U字溝やコンクリート板に穴を開ける

コンクリーのU字溝は地面を水の侵食から守り、水路としてのメンテナンス手間を激減させた。しかし、地下への水の浸透を遮断するばかりか、その重量が地面を圧迫し地中の呼吸を妨げている。そこで「大地の

再生」では所有者の了解を得られた場合、このU字溝に部分的に穴を開けて雨水の浸透と土の呼吸を促す。これは思った以上に効果があるものだ。それまで圧迫されていた土の中の空気が抜け、土圧と大気圧に押されて大地にひび割れができ、植物や微生物の呼吸の連鎖がおきる。

いま、都会や近郊では草や樹木が邪魔者扱いされ、草は徹底除草し、庭はコンクリートで固めて駐車場として管理しやすいように改変されている。その結果、前の代から受け継いだ庭木が弱り、枝枯れや落ち葉の苦情から伐られてしまったりしている。

コンクリートでふさがれた駐車場も、いくつか穴を開け、植栽できるようなスポットをつくって少しでも水が浸透するようにしてやるとよい。地面に浸透した水は植物の根に吸い上げられるだ

斜面変換点

道をつくるために削られた切土面の下部が「斜面変換点」。ここに空気を通すことで苔や下草が生える。放置するとえぐれるように崩れてくる

ブレーカーでU字溝に穴を開ける

移動させて底にS字蛇行の澪（みお）をつけてやるのだ（下写真）。草が生えていたら根こそぎ抜いたり地ぎわから刈ることはせず、その場で「風の草刈り」をする。

水を走らせると上流から土砂を引っ張るが、蛇行すると運ばれる土砂が少なくなる。コンクリートのアクが消え、呼吸を始める。植物も発芽しやすくなる。三面張りの水路の中に新たな生態系をつくるイメージだ。

水路側壁の外側の地面には点穴をつくってやるとよい。できれば側壁にブレーカーなどでV字の切れ込みを入れ、地上部の水脈とつなげてやれるとなおよい（p.116 参照）。

水路（川・沢）の掃除は地域の人たちと連携するきっかけにもなる。

けでなく、地表の腐葉土・微生物層によって濾過され、地下水として蓄えられ、一部は河川へと湧出していく。木の根は水を蓄えて土中の温度を調整し、夏涼しく冬暖かい環境をつくってくれる。

三面張り水路に新たな自然を創る

コンクリート三面張りの水路ではさすがに穴を開けるわけにはいかない。それでも自然に近づける方法はある。掃除するとき底の泥を全部取り出さず、それを

遊歩道・登山道の階段と木杭

現在の野山につくられている遊歩道や登山道の構造物（擬似木による階段等）は、杭も太すぎるし重さや抵抗もありすぎる。植物の根との親和性がなく、結果的にそれ自体が道を壊す原因になっている。杭の径は大きすぎないもの（直径 30 ～ 70mm程度）がよい。

また、先に杭を打つのではなく、自然地形の中に最初に横木の丸太をかませて、それから杭を打つ。杭

水路再生

点穴

残した土底に枝葉を置いて石で押さえ、上部には点穴をつくる

自然木を利用した階段

打ちは「土圧を支えながら一体化すること、自然の木の根と杭をなじませること」が重要。**木杭は植物の根の代用なのである**。打ち方は杭頭が割れるほど叩き過ぎてもいけない。大地のなかに最低限のゆるみ（脈としての抜きの機能）も必要なのだ（杭をときどき小さくなじませるように揺すって確かめる）。打ち終えたら番線しばりで杭と丸太を緊結し、形が決まったらまず炭を撒き、小石や有機物で土とのすき間を埋める。

グリ石で固めず木杭で締める

現代土木のコンクリート擁壁の場合、地盤を十分転圧したうえでさらにグリ石を入れるが、城郭の石垣や棚田の石垣など底部に水がありグリ石が効かない湿地のような場所では、昔は松杭を打って締めてから石積みを始めるのが基本だった。地中に打たれた松杭（ヤニをもつ生木のもの）は腐らないのである。

一般に石垣の根石に近い石や土を動かすのは、崩す原因になるので危険視されている。しかし、ここが斜面変換転でもっとも土圧がかかって空気が詰まりやすい。そこで、たとえば石垣のある放置田を再生するときは、すでに石が動いていたらそのすき間に針葉樹の枝など油分の多い木のクサビを挿して締め、加えて植物の根などを間に入れておく。やがて草の根がついて細根化し、細根を通して水が出てくれる。木杭と植物の根がセットになって、空気抜きの機能をもちながら構造物を安定させるのだ。

「植栽土木」という概念

先人たちの手によって植え育てられた石垣や河川の土堤に寄り添う木々を、「根が石垣や土堤を壊すので

伐れ」という論調さえある昨今だが、気・水脈が通る環境であれば樹木の根が構造物を壊すことはなく、むしろ細根を出して石垣や土堤と一体化して強固にしてくれる。自然の岩にとりつく樹木も同じで、下に車道が通されて気・水脈が詰まり始めると、苦しくなって強根を出し、枝もそれに合わせて暴れ始め、岩を動かしてしまうこともある。

正に行くか負に行くかは、その岩と木の表情を見ればわかる。通常の守る方向なら岩には冴えた色の苔などが生え、清浄な気に満ちているが、負の壊す方向に傾いている場合は、岩肌はくすんでホコリっぽく、岩と根の間に腐葉土の堆積がなくなってくる。細根による通気・通水性が失われてきているのだ。そして木々は暴れ枝になっている。

コンクリート擁壁やU字溝は気・水脈を分断するものだが、コンクリートそのものを否定するものではない。

道路工事で水脈が分断され、岩場の苔の着きが悪くなり樹木が弱っている。対策として斜面変換点に水脈溝や点穴を掘る

石と木杭と植栽のセットで土留めをする「植栽土木」

たとえば斜面に庭石などを据える場合、現代土木のように強く突き固めグリ石を使うのではなく、砂利敷きにセメント粉を撒いてからその上に石を置く。そして安定補強のため谷側に木杭を打ち、低木をセットで植える。セメント粉は雨で硬化し、そのとき微細な空隙ができて植物の根と共存できるようになる（p.107図43参照）。地表に出ている木杭はいずれ腐るが、その頃には植栽の根がそのすき間を埋め、空気と水を通しながら石は強固に守られる。これを「植栽土木」と呼ぶ。

ただし、これらの構造物は周囲の環境から独立しているだけでは正しく機能しない。流れてくる水や空気はどこから来て、構造物を通過後どこに流れていくのかを見通し、敷地全体の空気や水の動き（脈）を見ながらメンテナンス（溝や点穴の泥のかき出しや有機物の補填）したり、風の草刈りでの管理も必要になる。

しかしその管理も続けているうちに軽減されてくる。気・水脈が通じた後の植物の回復は驚くほど早く、ヤブ化せずに自然に風が通るようになるからだ。さらに微生物まで含めた動植物たちが応援してくれるようになる。

有機アスファルト・土モルタル
──現代土木との融合

一般のアスファルト舗装は地面を掘削し転圧をかけた後に砂や砕石で路盤をつくり、その上にアスファルト混合物を敷き詰め転圧したものだ。わだちができにくく、砂利敷きのときのスリップもない。かといってコンクリートほど硬くはなく、車の乗り入れは快適である。しかし雨の浸透性はまったくない。また、蓄熱しやすくヒートアイランド現象に大きく加担している。

浸透性アスファルトも開発されているが、数年のうちに目詰まりがおき、また空隙のせいで路面が傷みやすく、アスファルト混合物中の砂利が剥がれやすい。

「大地の再生」では**アスファルト混合物の中に2割程度の有機物（木質チップなど）を混ぜたものを「有機アスファルト」と呼んで駐車場**などによく用いている。素材を敷くときに適宜水を噴霧し（熱で水蒸気化し、固まったとき微細な空隙ができる）、さらに上から砂、チップをまいて完成だ（p.102参照）。

有機アスファルトは硬化後、有機物が中で植物の根のようにつながって空気や水を通すようになる。この有機物が地中の菌糸や植物の根を呼び込んで、微細な穴が目詰まりしにくくなる。

舗装のきわは転圧せずに残し、境界の土にシバを張ることで、やがて生長したシバが有機アスファルトのすき間にも伸びて、チップと緑が交錯したグラデーションをつくる。また木の根も入り込むので樹木もよく育ち、雑草なども生えてくるようになる（抜かずに「撫で刈り」で管理する）。

経年変化でひび割れもできるが、それはふつうのアスファルトが「風化」によっておこすものとは性質が違い、空気を通すためのもので、やがて植物の根が補完するようになる。

この有機アスファルトが素晴しいのは、混ぜ込まれた有機物と空隙に入り込む植物や菌類と共存するおかげで（水分が保たれその気化熱で）、夏の高温時の表面温度が一般のアスファルト舗装に比べ10℃以上も低くなることである。また、耐用年数は15〜20年と案外長持ちする。

砂利土にセメント粉と粗腐葉土を混ぜて軽く練った「土モルタル」と呼ぶアイデアもある。硬化後、水を

通しにくいが空気が通る程度の微細な穴はできる。これをコルゲート管と組み合わせると、U字溝に変わる軽快かつ自然親和的な排水路・側溝がつくれる（p.102参照）。

現代の重機で、有機物の土木を
——道づくりが自然親和的な土留めに

道は自然界と人の営みとの重要な接点であり、非常に重要な構造物である。道は風や雨水の通り道にもなる。手道具と人力の時代には、道は地形（起伏）に合わせてつくられていたのであり、獣道にも似たルートをとっていたはずだ。

昔の道は同時に水脈機能を高めるもので、使うことで周囲の自然環境がよくなり、生産性が高まっていく。いい道は道そのものも傷めず山を崩さない。道づくりが自然親和的な土留めにもなるので防災にもつながる。かつての日本の里山の素晴しい生産性は、水路・溜め池と優れた道づくりがもたらしたものである。

先にも述べたように、詰まりを解放するために自然は崩れるわけで、崩れたその跡はすでに安定地形になっている。それを読み取って、植物を使いながら気・水脈を詰まらせることなく再創造・融合させていったのが、「昔の人たちの土木」だった。

一方で現代の災害復旧は、崩れ、破壊された部分を取り去り、そこにコンクリートを上乗せして強靱化を図る……これではまた詰まって、さらに大きな破壊を招く……というイタチごっこになる。

「大地の再生」でもっとも重要な概念は、「道」であり「脈」である。近年のコンクリート土木で今、列島の息の根が止まりそうになっているが、既存の構造物に脈を通す工法を考えればいいのだし、新しいコンクリート構造物を創造してもよい。山林・竹林に有機資材は溢れているのだから、現代のエンジン機器を大いに利用しながら、この原理を使いこなせば日本列島の土木的な環境再生もけっして夢ではない。

次章ではその具体的な手法を図示していく。

下地

下地づくり。アスファルト混合物と木質チップを混ぜ、水を噴霧しながら重機でよくかき混ぜる

完成

下地にセメント粉を撒いて転圧した後、さらにアスファルト混合物と木質チップを混ぜたものを重ねて均し、転圧後、水をかけてから砂を撒き、最後に木質チップを撒いて完成

結作業の連携
（ゆい）

水脈敷設の流れ

グランドカバー
草刈り
埋め戻し（整地）
大枝入れ
伐採（風通し改善）
枝払い・小割り
小枝入れ（切り）
資材運び
管打ち込み
穴掘り
炭まき
ゴルゲート管敷設
炭運び
重機による開削
雨・風のわざ

広いフィールドを再生しようとするなら、跳ね返されるほどのエネルギーを受け止めねばならならない。強風が枝を折り、奔流が詰まりを崩して解放する自然界になぞらえるなら、今日はどのくらいの「風」と「水」とのエネルギーを送ることができるのか？ それを見極めて作業を配分することが大切だ。

一カ所に集中してその日に部分を仕上げるのではなく、全体にほどよい「水」と「風」が流れることを考え、そのまわりの広範な敷地にも影響を与えることをつねにイメージする。

**「風の草刈り」
機械と手作業の連携**

先発隊（刈り払い機）
機械の取りこぼしを手ガマで
仕上げ作業へ
粗作業から

大勢で「大地の再生」をする場合、昔の山村集落で行なわれた「結」のスタイルになる。ただ漫然とバラバラに作業するのではなく、群れとしての大きな流れができるように作業を導くのだ。

一人でやるとなると途方にくれる作業も、10人くらいの結でやると案外簡単にできてしまう。結作業というのは皆がのってくると本当に驚くほど作業が進む。そして作業が終わる頃には、机上で学ぶよりもはるかに濃密で深い体験が体にしみついている。

かつての山村の老人たちが、それこそ石垣づくりから高度な大工仕事、土工や左官など、ありとあらゆる仕事をこなすことができたのは、ひとえにこの結作業の繰り返しのおかげであろう。

そして昔の暮らしはすべてが「命がけ」だった。命がけだから覚えが早い。

人間もまた「群れ」の生き物だ。動物としてきび

しい自然の中で生きるために、いい意味で群れる必要があった。群れていれば危険を回避できる。無心でやっていると五感が鋭敏になり、生き物同士のシグナルを受け止められるようになる。

「大地の再生」作業そのものに、それらを呼び覚ます要素と、人の魂を揺り動かす感動があるのも確かなのだ。

ただし、やりすぎは要注意！ リーダーが「大地の再生」の全体像と、現在のフィールドの推移をしっかり把握していることが大切。

2章 技術各論

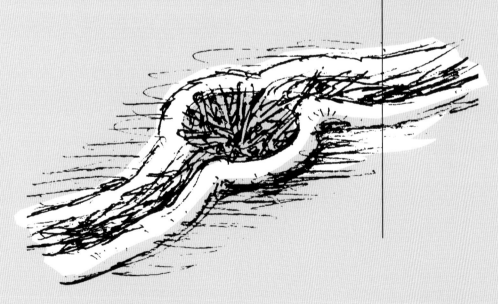

| 計画（見立て）から各施工法まで

2-1 準備編、デスクワーク・現地踏査

1）見立ての手法（各種地図の準備）

「見立て」とは、最初に現場を見て、どのような作業が必要か調べることである。まず地図を準備する。その場所の「敷地図」と地形図（国土地理院地図）、「川だけ地形地図（※1）」などの流域図3枚と、航空写真をどの現場にも用意し、起伏・流れの全体像を見る。

ミクロでは地形の高低差と雨水についてその「入りと出」、とくに最終排水の行き場を見る。マクロではその敷地と周囲の流域との相関関係を理解しておく。

庭のような小さな敷地でも地形図による流域俯瞰の作業はやっておいたほうがよい。

ゼンリン住宅地図

航空写真（Googl マップ）

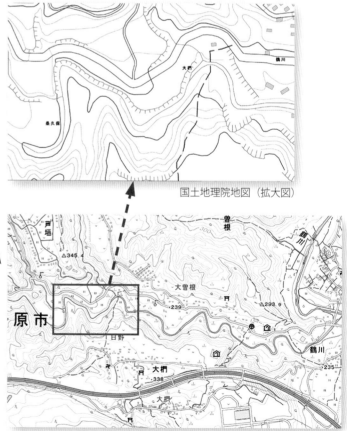
国土地理院地図（拡大図）

国土地理院地図

※1 川だけ地形図：gridscapes.net が 2015.4 より無料公開している川と湖沼・土地の起伏地図

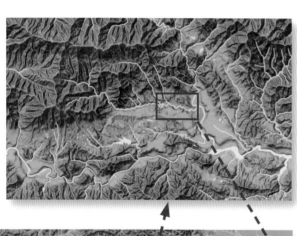

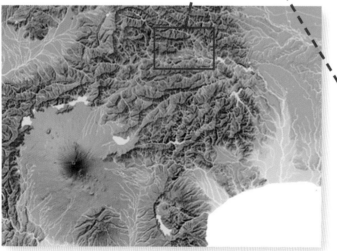
源流（分水嶺）から海までの全体像を見る
（スケールを変えてダウンロードする）

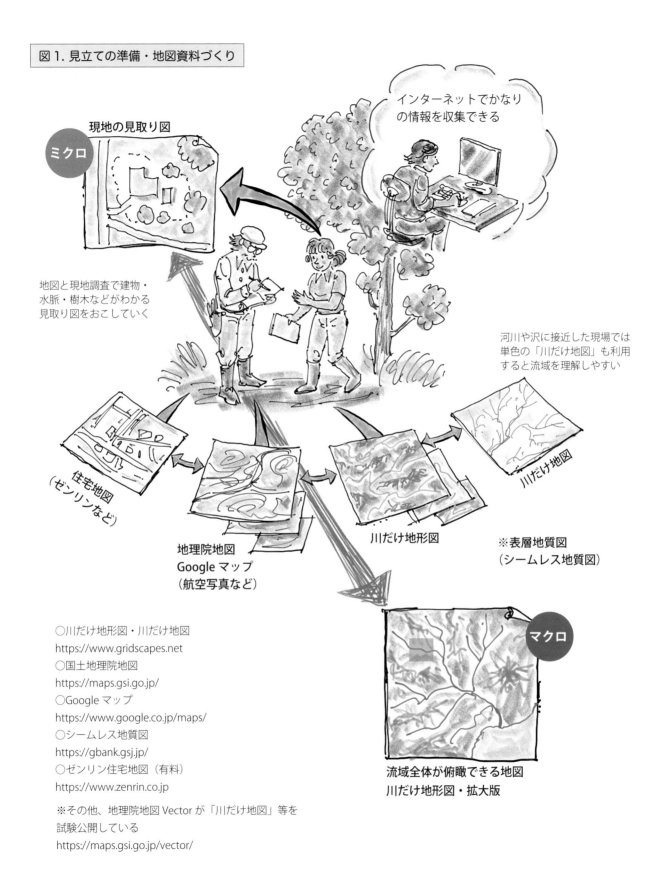

図1. 見立ての準備・地図資料づくり

ミクロ
現地の見取り図

インターネットでかなり
の情報を収集できる

地図と現地調査で建物・
水脈・樹木などがわかる
見取り図をおこしていく

河川や沢に接近した現場では
単色の「川だけ地図」も利用
すると流域を理解しやすい

住宅地図
（ゼンリンなど）

地理院地図
Google マップ
（航空写真など）

川だけ地形図

川だけ地図

※表層地質図
（シームレス地質図）

○川だけ地形図・川だけ地図
https://www.gridscapes.net
○国土地理院地図
https://maps.gsi.go.jp/
○Google マップ
https://www.google.co.jp/maps/
○シームレス地質図
https://gbank.gsj.jp/
○ゼンリン住宅地図（有料）
https://www.zenrin.co.jp

※その他、地理院地図 Vector が「川だけ地図」等を
試験公開している
https://maps.gsi.go.jp/vector/

マクロ
流域全体が俯瞰できる地図
川だけ地形図・拡大版

2）見立てのポイント・施工手法

　既存の構造物、とくに風や水の流れの障壁となるものをチェックし、その改変策を立て、予測される風や水の流れ道をプロットしてみる。地下埋設の暗渠、下水配管などの過去の図面があれば入手しておく。既存の水道管・ガス管の位置も調べておく。

　水脈や点穴の位置を予測し、おおよその資材を準備しておく。

　環境を「大地の再生」の視点で分析すると大きく次の3つになる。

1）大地環境
2）生物環境
3）気象環境

　大地環境……その土地はどんな**地質**か？　堆積土なのか岩なのか（インターネットの「シームレス地質図」でおおよそ調べることができる）。その上の**土壌**はどんな具合か、腐葉土の豊かな森なのか、盛り土をした庭土なのか。**地形**はどうか？　傾斜地なのか。平地なのか、川や水路はあるか。

　生物環境……そこにはどんな動植物が棲んでいるか？　とくに植物相の種類と状態は重要である。また、住居がある場合、人が環境に与えている影響も見ておかねばならない。住人がその自然とふだんどのような関わりをしているか。たとえばよく歩く場所や、庭や畑地の有無など。

　気象環境……その土地の気候を元にした水と空気の流れである。固有の季節風、雨の季節的な変化やその量など。

　以上はいわば地球環境だが、それを動かしている大元は**4）宇宙環境**、すなわち太陽エネルギーや月の引力などである。また波動のような4次元的エネルギーも関係する。地磁気の高さやマイナスイオンの数など、いまだ現代科学では解明されていない分野ではあるが、空気や水という流体を扱い、炭を大量に使い、微

生物や菌類を呼び戻す手法でもあるわけで、結果的に施業後には「すごく爽やかで気持ちのよい空間になった」「空気感が違うのがはっきりわかる」という声がよく聞かれる。

　だから見立ての際にも施工の際にも「五感」を働かせることが大切である。

3）記録の仕方

　敷地の部分的な写真を撮っておき、工事前後の施工前・施工後がわかるような定点観測（撮影）を欠かさず行なう。作業中もグライ土壌や湧水等が出たとき、既設埋設管を破損・修理した場合などは記録、撮影する。工事後に平面図、断面図、施工図をつくりファイリングする。工事経過がわかるように「工事日誌」をつけ、写真や動画のついたブログ報告などができるとなおよい（下写真）。

ホームページ「大地の再生　結の杜づくり」より
https://daichisaisei.net

図2. 見立てポイント・施工手法

※敷地と敷地周辺の地上と地下の気・水脈の状況を把握することに尽きる

現場の環境を知り、現時点の状況を検証する

① 大地環境
② 生物環境
③ 気象環境

それぞれの状態をチェックし、ひそんでいる問題の一つ一つを検証する

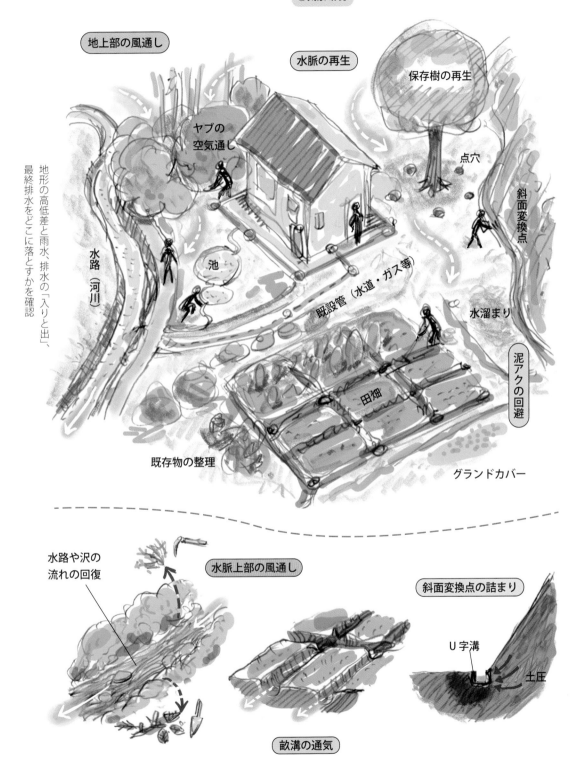

地上部の風通し

水脈の再生

保存樹の再生

ヤブの空気通し

点穴

斜面変換点

地形の高低差と雨水、排水の「入りと出」、最終排水をどこに落とすかを確認

水路（河川）

池

既設管（水道・ガス等）

水溜まり

泥アクの回避

田畑

既存物の整理

グランドカバー

水路や沢の流れの回復

水脈上部の風通し

斜面変換点の詰まり

U字溝

土圧

畝溝の通気

2-2 資材調達

1）有機資材の種類（使えるもの）

　管理放棄された里山、手入れ不足の敷地を再生する過程で出た枝葉はゴミではなく「大地の再生」で使える大切な素材だ。以下のような施工に使い道があるので大いに活用したい。

　水脈溝や点穴……伐採や剪定で出た大小あらゆる種類の枝や枝つきの葉。

　木杭・土留め……スギ・ヒノキ・カラマツなど人工林の間伐材、雑木林内の立ち枯れ木、モウソウチクなど太めの竹。

　抵抗柵……同じく種々の間伐材丸太、家屋の解体等で出る廃材角材（化学塗料のものは避ける）。

　グランドカバー……雑木林内の粗腐葉土（完全に腐葉土化する前の、多少の落ち葉や枝クズなどが混入し

ているもの）、あるいは倒木等をチップに加工する。

　植栽土木用の石……敷地の自然石、もしコンクリートを壊してガラなどが出たら、それを石がわりに用いてもよい。

　炭……現地で伐採木や竹を野焼き、伏せ焼き等で現地調達ができる。

2）竹の枝のさばき方

　エネルギー革命と代替素材のために竹が使われなくなり、荒廃竹林が全国に蔓延している。しかし竹は、「大地の再生」ではとくに通気浸透水脈の素材として枝葉まで余すところなく使える。おかげで竹林もきれいに片付く。ただし春〜夏に伐ったものは虫が入りやすいので避けたい。

　竹の枝の付け根は大変硬く、ナタ・ノコ・ハサミいずれを使っても取りにくい。が、現地で直径4〜5cm程度の竹幹を1m程度に切ったものをつくり、竹刀を振るように勢いよく付け根を叩くと、案外簡単に外し取ることができる（下図）。

3）資材の切り方、運び方

　水脈溝に入れる枝の長さは30〜50cm程度だが、現地でそのサイズに裁断せず、枝の分岐を多数つけた長いままブルーシートに束にして載せ、シートの両端をしばって2人で運ぶとよい。

災害跡の崩壊溝に、木杭と竹でつくられたミカン農園の抵抗柵。愛媛県宇和島市吉田町（撮影 2018.12）。土砂災害で発生した土砂やガレキを雨・風はどう運び、壊した大地へふたたび組み込んで再生を図るか？　この学びの視点をもつことが重要

竹の枝切り

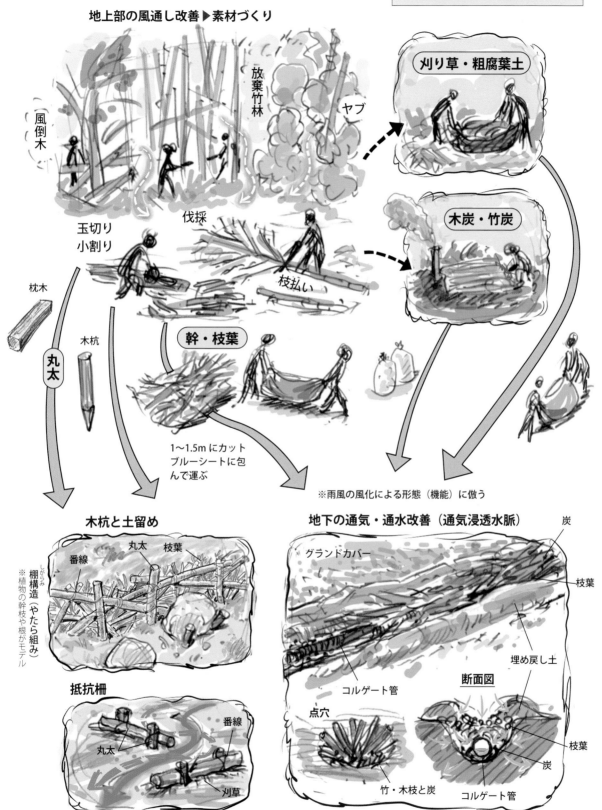

図3. 敷地再生と有機資材の流れ

地上部の風通し改善▶素材づくり

風倒木
放棄竹林
ヤブ

刈り草・粗腐葉土

伐採
玉切り
小割り
枝払い

木炭・竹炭

枕木

幹・枝葉

木杭

丸太

1〜1.5mにカット
ブルーシートに包んで運ぶ

※雨風の風化による形態（機能）に倣う

※長いまま・大きいまま運び出そうとしない。その場が詰まらないサイズを雨・風に訊きながら加工する

木杭と土留め

番線
丸太
枝葉

棚構造（やたら組み）
※植物の幹枝や根がモデル

抵抗柵

丸太
番線
刈草

地下の通気・通水改善（通気浸透水脈）

炭
グランドカバー
枝葉

コルゲート管
点穴
竹・木枝と炭

埋め戻し土
断面図
枝葉
炭
コルゲート管

里山再生と有機資材

枯れ竹でうずまった小沢

都会の街路樹が伐られたその枝の山が、ゴミ収集車の中に飲み込まれて行く光景ほど悲しさとおかしさを誘うものはない。ひと昔前のかまどや囲炉裏がある家に住んでいた人たちが見ればなおさらだろう。燃料になるだけでなく、その燃えた後の熾炭や木灰は土に還元され循環していく。そんな重要な木質素材だけでなく、今や落ち葉や刈り草さえ指定収集袋に入れて所定の場所に捨てにいくのである。これほど野や山に人々が背を向けて暮らしている時代もなく、また都会や郊外あらゆる場所で、地面の中に有機物が消えてしまった時代もない。

　かつて薪や肥料を採取し、炭焼きとして利用していた雑木林は無用のものになり、戦後は拡大造林でスギ・ヒノキにとって変わり、そのスギ・ヒノキ林

台風で倒壊したスギ林（千葉）

同（京都）

もかなりの面積が放置されてひどいことになっている。

　竹林もしかり。竹というのは軽くてしなやかで、そのくせ強く、簡単に割って加工することができ、かつては竹かごやザル、各種の竿などさまざまな生活道具に使われた。それがプラスチックなど石油製品が台頭して駆逐されてしまった。その結果、放置竹林が山を覆っている。

　郊外にかろうじて残された雑木林に行くと、地下茎で増える竹やササに飲み込まれてヤブになっている場所も多いのだが、その先の樹木だけの林にたどりつくと、地面にたくさんの枯れ枝が散乱していることに驚かされる。また林内には枯れた立木が非常に多い。

　ガスや電気が普及した燃料革命のおかげで、昔ならこぞって燃料にしていた枯れ枝や枯れ立木を誰も拾う人

背負子と枯れ枝

がいない。おそらく縄文の昔からの燃料採取の行動は、知らず知らず「大地の再生」の風通しや水脈整備の役目もしていたに違いなく、その頃の林の中は風が通ってうるわしく、美しい野草や虫たちで賑わっていたのである。

　人工林のスギ・ヒノキに関していえば、これが世界に稀に見る、群を抜いて素晴しい建築素材であることをいま

竹の三又と小枝の自在カギで焚き火

だ日本人は理解できておらず、スギにいたっては建築材のみならず食料を貯蔵・発酵させる「樽」の原料であり、日本の食文化を支えてきた重要素材であるということを、ヒノキは世界最古の木造建築を生み出すほどのとてつもない素材であることを、悲しいかな皆忘れているのである。そうして今やスギは、容積比にしてダイコン以下の値段で売られていることがあり、あのヒノキはといえば、機械で丸められてホームセンターで土木用の杭として販売されているのだ（！）。

しかし、時代は変わっても、素材そのものは変わってはいない。山に行けばいくらでも拾える枯れ枝は、それを囲炉裏やかまどに使えば今でも即素晴しい薪になるのだし、コンパクトな竹ナタがあれば、ちょっと器用な人なら、竹から美しい日用品を簡単につくり出すことができる。スギ・ヒノキもしかり、大工技術をもって適材適所に使えば、健康的で美しい構造物をつくることができる。

ここにきてわれわれは「大地の再生」というメソッドに到達した。荒廃した雑木林も人工林も竹林も、ササやぶや腐葉土そのものの素材でさえ、すべて土に還しながら、植物の力を借りて荒廃した大地を蘇生させることができる。しかもグライ化した土は、空気にさらせばさまざまな微生物が一気に働きかけて、優良な肥料に変換されるのだ。

そのためにも、竹や木を皆伐したり草を地ぎわから全刈りするような、これまでの刹那的な見栄え重視の施業を切り替えて、誰もが「大地の再生」の手法に出会わねばならない。それは本当に劇的で、感動的な作業なのである。

ところで、あれだけ緻密な科学や学術を構築してきた西洋人たちが、このメソッドに気づかないのはどういうことなのだろう？　1つは、彼らは乾燥地の小麦と牧畜に依存した民族であり、歴史的に移動せざるを得ない民であったということだ。そして、日本のように変化に富んだ自然の強度をもたない地理的問題もあるだろう。つまり生活的にも環境的にも「大地の再生」を観察・発見する素地がなかった。

おそらく日本では、戦後の高度成長期前までは口伝や結作業で、あらゆる農地と里山で、同じようなことが経験的に為されていたのではなかろうか？──何しろほとんど自然素材だけで土木工事を行なっていたのだ──でなければ、これだけ広大な農地と里山を、エンジン機器のない時代に管理しきれるはずがない。

連作障害のないイナ作のおかげで定住することができ、そのため自然と付き合う知識が積み重ねられ、ふるいにかけられ、そのエッセンスが結という上下隔てのない共同作業のなかで学習され、伝わった。しかし当たり前のことだが、「大地の再生」の法則は全地球に共通する。

放置され、荒廃した農地や林地に目を伏せたまま、街路樹の枝に重油をかけて燃やしながら、これまでのコンクリート土木でますます地中を詰まらせていくか。

それとも手入れから出る有機素材をもう一度使いこなし、地中に還元して新しい土木（もちろんコンクリートも新たなアイデアで同居してよい）で再生するか。

それは未来を二分するきわめて重要な選択になるだろう。

刈り草と台所ゴミでできた堆肥を畑に

2-3 地上部の作業
——風の草刈り

1) 風の流れをつくるために草を刈る

　土の中に空気が通りにくくなると、有機ガスが停滞し植物が弱る。こんな大変なことが当たり前におきている。一方、風通しがよくなると植物は元気（穏やか）になり、姿もコンパクトになる。

2) 草を味方にする高刈り・撫で刈り

　草が風で揺れる場所・曲がる場所で刈る。いわゆる「高刈り・撫で刈り」をする。再生するとき分岐がたくさん出て、地中には細根が発達する。再生も遅くなるので、地ぎわで刈るより作業量はずっと少なくなる。

ノコギリガマ

ループハンドルの刈り払い機

ナイロンコードをダブルで出す（先端は切り揃える）

　細根が出るとより地中に空気が通りやすくなる。草自体が「大地の再生」を応援してくれるようになる。

3) 道具

　使う道具は手ガマに関しては通常の刃物ではなくイネ刈りに使うようなノコギリガマ（通称ノコガマ）を用い、刈り払い機の場合はチップソーではなくナイロンコードでちぎるように刈る。

　そのほうが鋭利な切り口よりも再生スピードが遅くなり、そのぶん栄養がわき芽や3番手に向かいやすい。

　徒長した花芽は思い切って刈ったほうが後に出るわき芽にきれいな花が咲く。

図4. 風の草刈り／刈り位置と生長

風の草刈り

従来の草刈り

風で揺れる位置で刈る

地ぎわ刈り

分枝やわき芽がたくさん出て隠やかな生長

地上部も地下の根も勢いよく伸びようとする

細根が発達

強根になる

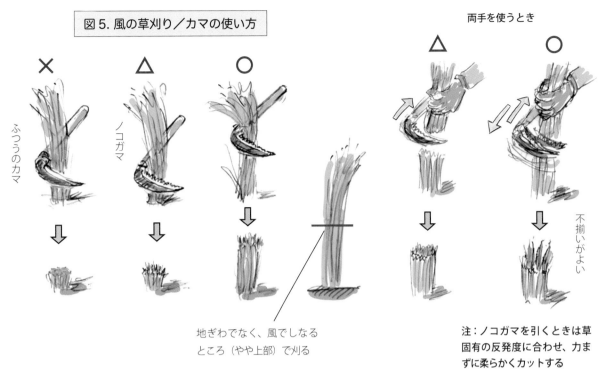

図5. 風の草刈り／カマの使い方

両手を使うとき

×　ふつうのカマ

△　ノコガマ

○

地ぎわでなく、風でしなる
ところ（やや上部）で刈る

△

○

不揃いがよい

注：ノコガマを引くときは草
固有の反発度に合わせ、力ま
ずに柔らかくカットする

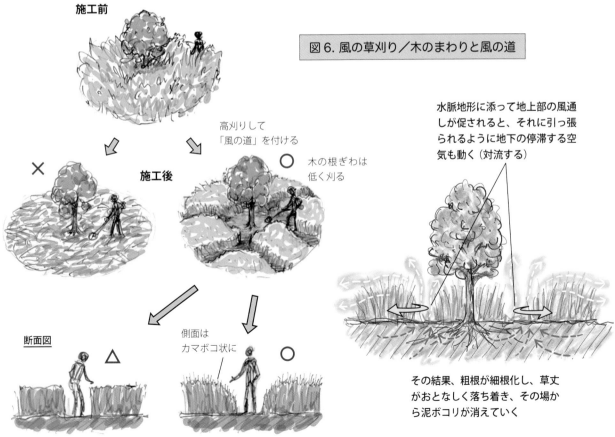

施工前

図6. 風の草刈り／木のまわりと風の道

高刈りして
「風の道」を付ける

×

施工後

○

木の根ぎわは
低く刈る

断面図

側面は
カマボコ状に

△

○

水脈地形に添って地上部の風通
しが促されると、それに引っ張
られるように地下の停滞する空
気も動く（対流する）

その結果、粗根が細根化し、草丈
がおとなしく落ち着き、その場か
ら泥ボコリが消えていく

4）風の抜け道をつくり、
　　ブロック・カマボコ状に

　均一に高刈り・撫で刈りするのではなく、背丈と揺れる場所によって刈る高さを変える。また、全体がブロック状に別れるように風の抜け道をいくつかつくる（そこだけは地ぎわから刈る）。

　抜け道の目安は地面のやや低いところ（植物の背丈が低く見える）を抜く。雨のときはそこが水脈になるはずで、水脈の上は風の通りをよくするのが基本だ。

　目標が見えなければ、自分で「ここを抜いたら気持ちよさそうだな」と感じたところを刈る。

　そして側面はカマボコ状に整えると、風が滑らかに均等に流れ、草の中に風が入りやすい。また地下の停滞した空気も動きやすい。

　樹木の根元まわりと畦溝、農道・作業道だけは低く（足のくるぶしの高さ）刈る。刈った草丈に触れるような下枝があれば剪定して風通しをよくしておく。

5）刈り払い機の使い方

　ナイロンコードは1つの穴から2本出したほうが、当たりが強く効果的。ループハンドルが使いやすくバネで戻るタイプのアクセルレバーがよい（いずれもネットなどで取り寄せて付け替えることができる）。

　回転盤を地面と平行ではなく前方をやや上向きにして使い、ウェイブさせながら草を舐めるように動かす。

　目線くらいの高さを意識して、空間全体に風を通していく。ムラをつくらないように、回転の強弱をうまくつける。軟らかい草のところは回転を弱く、風抵抗の強いところは回転を強くする。

6）ツル植物、ススキ

　クズなどのツル植物も地ぎわから切らず胸あたりの高い位置で切る。その後ツルを丸くからめておくと、根圧が弱まり穏やかになる。次に伸び出すつるは軟らかくやさしい。

　ススキにはススキのよさがある。その背丈が日陰をつくり、土を耕してくれる。ススキを無理に排除しようとすると大地を傷めてしまう。ススキは風の草刈りで管理して、低潅木（ていかんぼく）と同じように育てるようにする。ススキが自然に衰退して軟らかい地面を好む植物に入れ替わるのを待つ（耕作地内のススキは別）。

7）その他のアドバイス

○ノコギリガマは少し先を曲げるといい。草が引っかかりやすく、よく切れるようになる（下図）。
○草の全体の、軟らかいふらつくものを取るイメージ。ノコのギザギザに引っ掛けて刈る、削いでいく。
○草刈りは春夏だけの作業ではない。実は冬の整えが非常に重要。風の振動を根で受けながら、春からの伸び方をうかがっている。春にどう伸びるかは冬の姿で決まる。

図7. 風の草刈り／道具の使い方

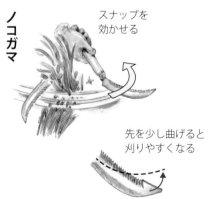

ノコガマ

スナップを効かせる

先を少し曲げると刈りやすくなる

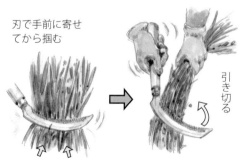

刃で手前に寄せてから掴む

引き切る

刈り払い機

よく使われるのは四角型 2.4 mm径コード

前方をやや上向きに草を舐めるように動かす

図8. 風の草刈り／刈り方の目安

× 同じ高さに刈らない

背丈の異なる草地の
刈り方

施工前

施工後

ススキなど

ヨモギ
カラスノエンドウ
など

○ ススキと低草は高さを変えて刈る

残したいものは
刈らないでおく

揺すって揺れの変わり目
で切る

ススキ
など

低草類

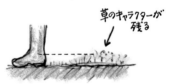

通路や畦まわりなど
地際から切るときは
くるぶしの高さで

草のキャラクターが
残る

図9. 風の草刈り／刈り払い機のコード

畑の畝溝など凹みを
刈りたいとき

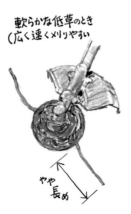

軟らかな低草のとき
（広く速く刈りやすい

やや
長め

ドリル
2.5mm穴

裏面

底面に穴をあけて
そこから1本出す

「風の草刈り」の一般的な
コードの出し方（1穴から2本
まとめて出すことでやや硬い
草にも対応）

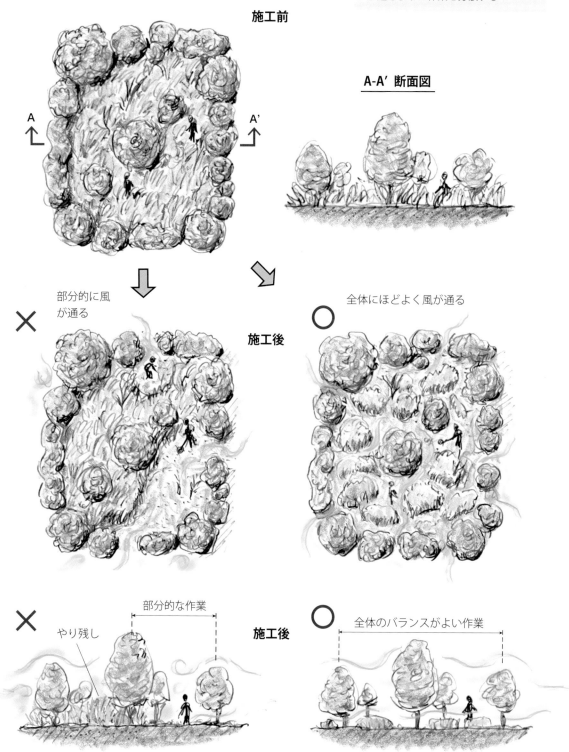

図10. 風の草刈り／風の通し方

1日の作業量が限られる場合、部分的に集中して開くのではなく、全体に風が通るように作業を分散する

施工前

A-A′ 断面図

部分的に風が通る

全体にほどよく風が通る

施工後

施工後

部分的な作業

やり残し

全体のバランスがよい作業

風の草刈りの施工後

風の動線・獣道動線を先に開けて、その周囲から草刈りを広げる。夏を過ぎればもう草の勢いは弱いので、徹底して刈る必要はなく、草を踏んづけて背を低くしてもいい。大事なのは、風や水がなぎ倒すような気圧のエネルギーを最後までかけていくこと。腕先で刈るのではなく、腰を据えて向かっていくこと。山梨県上野原市（撮影 2019.9）

水脈＋風の草刈り、施工 53 日後

最初の屋久島講座（2018.4.7）で水脈を入れ風の草刈りを施した同じ敷地の1カ月半後（2018.5.30）の変化。雑草たちの集合体なのだが、それぞれが控えめに主張しながら全体のバランスがとれていて美しい。たとえていえば、非常に優秀な画家が、それぞれの雑草の構造を熟知したうえで、バランスよく絵画的に描いたかのようなのだ

2-4 地上部の作業
——風の剪定

1）「風の剪定」の道具と使い方

剪定道具はノコガマも使えるが、より厚みのあるカーブソーがよい。剪定バサミではできない「引き切る・削ぐ」ができる（よって切断面は「風の草刈り」と同じようにギザギザになる）。先端などの細かい剪定は剪定バサミを使う。

2）低灌木の風の剪定

まずは根まわりの風通しをよくする。

次に主枝を間引く（「透かし」）。目安はその木の小枝の一単位の枝の出方を参考にする。下方の枝の付け根から大胆に抜いていく。

次に「切り戻し」。フトコロから小枝を間引いていく。外側だけ整えるのではなく枝の途中から切っていく。揺すってみて揺れの変わり目（重心のバランスのところ）で切る。

枝の先端を詰めるのではなく、奥から引きちぎるように風通しをよくしていく。枝先ばかり切っていると丸まった「仕立て枝」風になってしまう。風通しよくすれば細根化し、先端は伸びなくなる。

最後に一番外側を刈る（「先端刈り払い」）。アウトラインを整えるのは最後にする。

コツは作業の途中で一歩引いて、遠目に眺めて確かめることだ。1つの枝の葉のつき具合を観察し、それと相似形になるように全体の枝ぶりを見る（台風のとき、風は同じように枝葉を引きちぎっている）。そして全体の風の抜けのバランス、かつ樹木の重心バランスが偏らないように見ていく。

3）落とした枝葉の処理

「風の草刈り」の場合はよほどのことがないかぎり、刈り草は集めずにその場に散乱させておいてよいが、「風の剪定」では、落とした枝葉はかなりの量になっているはずだ。それらは同敷地内で水脈施工があるな

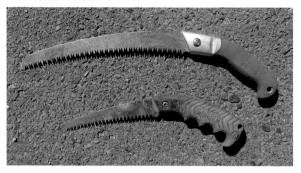

「風の剪定」の道具、カーブソー

らその素材として、そうでなければある程度細かく風がバラしたようにして、根まわりや周囲に敷き込むのがよい。

4）その他、剪定のアドバイス

○木に枯れ枝がついている場合（たとえばマツなど）、すべてを取り去るのではなく、少し残しておく。自然の風が払う程度、目で追いながら密のところにハサミを入れる。1カ所に時間をかけ過ぎないように。風が枝を折っていくというイメージを頭に描く。

○ツル植物の剪定は、からみ枝の密集部は穴を開けるように切ってもいいが、むやみに切ることをせず、高枝バサミなどを使って枝の先端を絡ませて中に押し込むようにまとめるとよい（ツル植物はこうすることでおとなしくなる）。

その後、ふらつく先端だけを切る。下部は若枝（シュート）を切り、低灌木に準じた剪定をする。中の枯れ枝も積極的に落とす必要はなく、風が通り、根が呼吸し始めると、枯れ枝は自然に落ちる（p.72図12）。あくまで風通しが主で、深追いは禁物。

○石垣の天端の並木の剪定は、とくに下部の枝を抜き、地ぎわを柔らかく風が動くようにする。抜き過ぎると風が動き過ぎ、遠くの空気まで引っ張ってしまう。すると、過乾燥になりがち。ほどよくが大事。ゆるい風が遠景までつながることをつねに意識する。

○放置され鬱閉してヤブ化すると、樹木は苦しくて強根を伸ばし、地面は乾燥する。すると斜面などが不安定になる。ときとして岩盤や石垣を壊してしまうこともある。うまく管理して樹木を味方につけることが、傾斜のある山村の暮らしではとても重要である。

図11. 風の剪定／低灌木

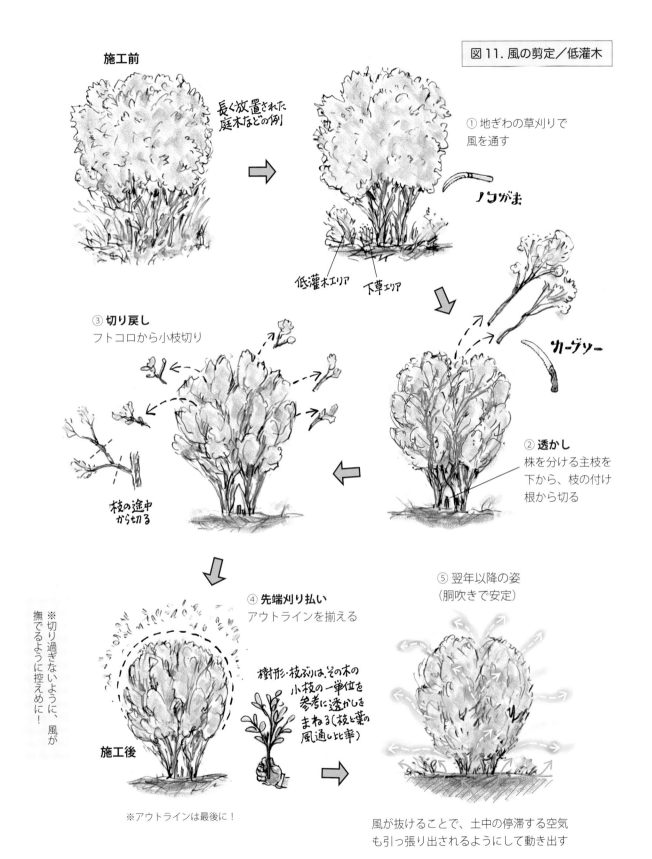

施工前

長く放置された
庭木などの例

① 地ぎわの草刈りで
風を通す

ノコがま

低灌木エリア　下草エリア

② 透かし
株を分ける主枝を
下から、枝の付け
根から切る

カーブソー

③ 切り戻し
フトコロから小枝切り

枝の途中
から切る

④ 先端刈り払い
アウトラインを揃える

⑤ 翌年以降の姿
（胴吹きで安定）

※切り過ぎないように、風が
撫でるように控えめに！

施工後

樹形・枝ぶりは、その木の
小枝の一単位を
参考に透かしを
まねる（枝と葉の
風通し比率）

※アウトラインは最後に！

風が抜けることで、土中の停滞する空気
も引っ張り出されるようにして動き出す

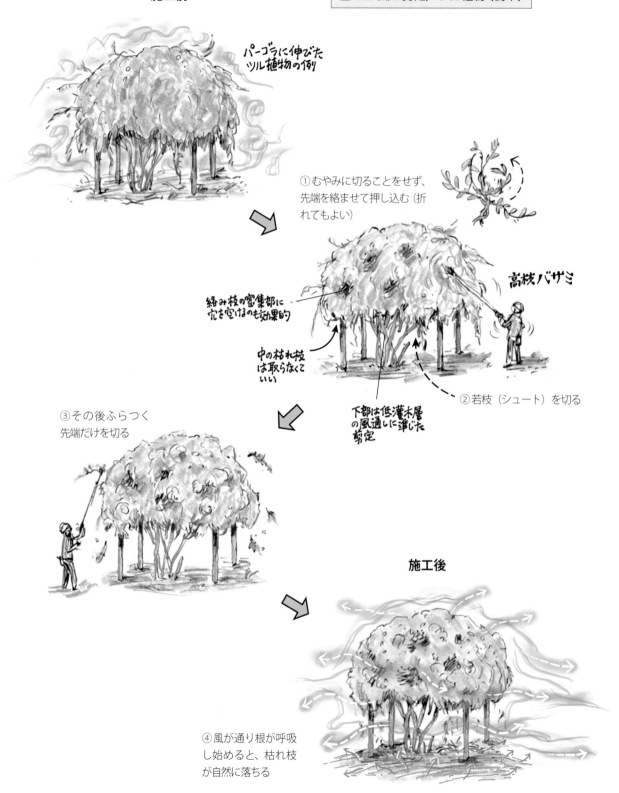

施工前

図 12. 風の剪定／ツル植物（樹木）

パーゴラに伸びた
ツル植物の例

①むやみに切ることをせず、
先端を絡ませて押し込む（折
れてもよい）

高枝バサミ

絡み枝の密集部に
穴を空けるのも効果的

中の枯れ枝
は取らなくて
いい

②若枝（シュート）を切る

③その後ふらつく
先端だけを切る

下部は低潅木層
の風通しに準じた
剪定

施工後

④風が通り根が呼吸
し始めると、枯れ枝
が自然に落ちる

72

目安はその木の枝の1単位の枝の出方
を参考にする

低灌木（ツバキ）の「風の剪定」。まずは根まわりの
風通しをよくし、主枝を間引く「透かし」

フトコロから小枝を間引く「切り戻
し」。揺れの変わり目で切る。最後
に「先端刈り払い」で整える。山梨
県上野原市（撮影 2020.5）

5）樹木の伐採法

広葉樹を伐採して萌芽更新（※2）を目指すときは根元で伐らず、「幹のしなり・揺れの変わり目・腰の変わり目」で伐る（高さでいえば地面から1.5 m以上）。枝も幹もしなりの中心で伐ると細根が出、切り口からは無理のない萌芽枝が出る（根元で伐ると根にダメージを与え、萌芽枝も反発的に伸びる）。

細根がなくなると下枝が消えて、根が深くなり、風には揺れやすくなる。全体に暴れる樹形となり、締まった形でなくなるからだ。

枯れ立木を伐採するときも、根元ではなくやや高伐りがよい。立木が揺れることで、地中の有機ガスが抜ける効果もある。

※2 萌芽更新：一般に広葉樹は切り株から芽を出して枯れることがない。この性質を利用して山を循環（更新）させていく手法をいう。

6）伐採枝、物の置き方

水脈と風の道を遮断する位置に物を置かない。切られた枝はまとめて置くと風通しが悪くなり、虫害が発生しやすい。周辺にばらまいてグランドカバーとし、地上に飛び出した枝だけカットしておく。大量に枝が出た場合はいくつかのブロックに分散して置く。現在は見た目のよさを優先することが多いが、伐り方や置き方1つで違った結果を産む。よくすれば全体の力は増していくが、悪くすれば敷地を弱らせ建物を風化させることまでおこしかねない。

倒れる心配のある崖の上の木を伐るべきか？ 登って枝を揺らしてみるとわかる。十分に根の張りがあるなら枝のしなりに力がある。崖の変化点の空気が詰まっていると上の木も根が張れないので伐らずに、地形に手を入れる。広島県三次市（撮影2018.7）

2-5 地面・地中の作業 ——水切り

1）表層の水切り（移植ゴテを使って）

　基本は水溜まりの岸から溝を切って低いほうに水を流してやること。元の水みちがあればその詰まりを開いてやる。土が軟らかいところを狙って、それに導かれるように溝を切って水を進ませる（直線よりむしろ蛇行させたほうがよい）。傾斜がきつければ低地側からやや離した場所から切り始める。

　流れる水が「走らない」「淀まない」という等速のリズムを保つこと。等速・分散の流れをつくることで浸透も促される。水が走れば地形を壊して泥アクを出し、淀めば泥アクが堆積して空気が詰まり、有機ガスが出る。

　道具はホームセンターで売っているようなふつうの移植ゴテ（先端が尖っているタイプ）で、溝の深さは5cm程度でよい。

　水溜まりが消えた跡にはチップや粗腐葉土を撒いておき、溝には枝などを入れておくと、溝がふさがれず長もちする。

　水切りによって水溜まりが解消し、地中の空気が動き始めると草が自然に生え、その草の根がさらに地中を耕してくれる。それでも水が溜まるようなら溝のメンテナンスをしたり、合流点に点穴（p.83参照）を掘る。

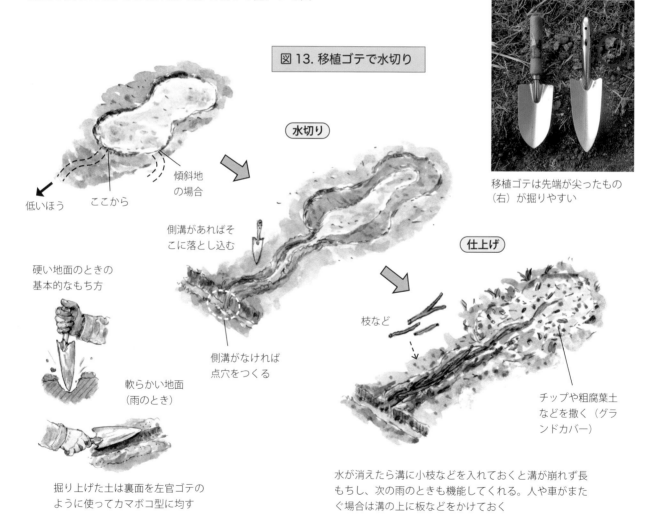

図13. 移植ゴテで水切り

低いほう　ここから　傾斜地の場合

硬い地面のときの基本的なもち方

軟らかい地面（雨のとき）

掘り上げた土は裏面を左官ゴテのように使ってカマボコ型に均す

水切り

側溝があればそこに落とし込む

側溝がなければ点穴をつくる

移植ゴテは先端が尖ったもの（右）が掘りやすい

仕上げ

枝など

チップや粗腐葉土などを撒く（グランドカバー）

水が消えたら溝に小枝などを入れておくと溝が崩れず長もちし、次の雨のときも機能してくれる。人や車がまたぐ場合は溝の上に板などをかけておく

2）大きな水切り（クワを使って）

　石混じりで草が生えているような地面の場合はやや大きな水切りになるので、三つグワ、唐グワ等での作業になる。その際ただ平滑なU字溝的な溝を掘るのではなく、V字に左右交互に掘ることで、浸透しやすく、渦ができる流れをつくることができる。

　水脈の地上部は草で隠れないように、草刈りでほどよい風通しを確保する。

　水溜まりや泥アクが消えると登山道の木道なども滑らなくなる。また爽やかな緑が回復していく（たとえばゼニゴケがスギゴケに変化）。

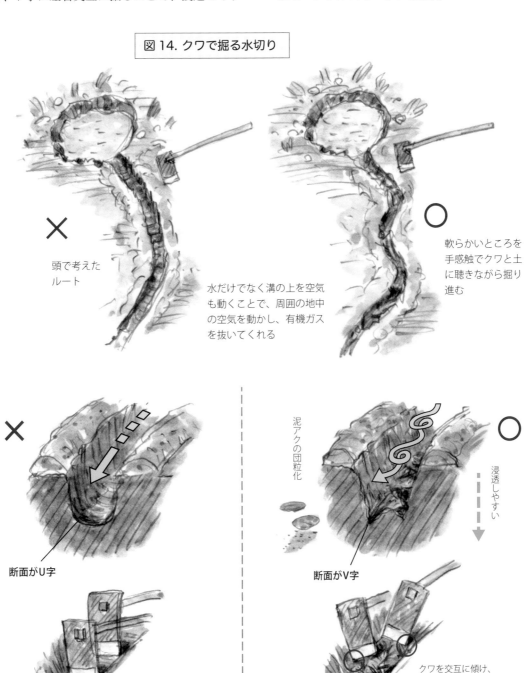

図14. クワで掘る水切り

× 頭で考えたルート

○ 軟らかいところを手感触でクワと土に聴きながら掘り進む

水だけでなく溝の上を空気も動くことで、周囲の地中の空気を動かし、有機ガスを抜いてくれる

× 断面がU字

○ 泥アクの団粒化

浸透しやすい

断面がV字

クワを交互に傾け、角（かど）を使って掘る

2-6 地面・地中の作業
——通気浸透水脈と点穴

1）通気浸透水脈、配置の考え方

　見立てでおおよそのレイアウトを予想し、風の草刈り作業を経て、どこにどの程度の「通気浸透水脈」を入れればよいか？　がわかるだろう。

　1章でも触れたが、敷地で詰まりやすい部分は「構造物のまわり」「敷地境界」「斜面変換点」である。それに人の動線（歩道や道路）などを加味して、詰まり具合の症状に応じて（さらに作業日程や予算を考慮して）ルートや総延長、そしてコルゲート管の有無などを決めていく。

　下図に庭のある住居地の例を示したが、基本は建物まわりと外周に水脈溝を入れ、コーナーや合流点に点穴を掘る。また水脈溝の直線距離が長いときは3〜4m

ピッチで点穴を掘っておく。ただし下地が水もちがいい場合、敷地が軟らかい地面であれば、点穴はあまり必要ない（この使い分け判断は重要）。

　図中の水脈や点穴のほかにも樹木の根元や畑まわりに点穴を増やしてもいい。敷地に余裕がある場合は、池を掘り、その残土で小山をつくるなど、意識的に高低差をつくるとさらによい。加えてもし井戸が掘れるなら最上である。

　このほかにも里山敷地、果樹園、既存の土木構造物まわりなどさまざまなケースがあるが、それらは後述する。

2）溝の掘り方（重機の場合）

　水脈溝を重機で掘る場合、敷地が広大で深い水脈が必要でなければ、バケットではなくブレーカーを用いるのがよい。バケットだと四角い硬い形の溝になり、直線的にしか掘れない。ブレーカーのロッドでかき回

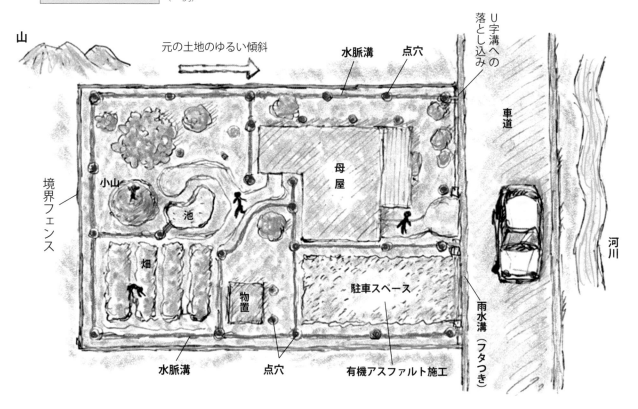

図15. 水脈配置図 （一例）

山

元の土地のゆるい傾斜

水脈溝　点穴

境界フェンス

小山

池

畑

物置

母屋

U字溝への落とし込み

車道

河川

雨水溝（フタつき）

駐車スペース

有機アスファルト施工

水脈溝　点穴

後方に下がりながらブレーカーで掘っていく

真っ直ぐ引くのではなくブレーカーのロッドで「8の字」を描くように探りながら掘る

ロッドの部分（赤丸部）を使って掘る

硬い地面に浅い溝を掘る（p.87）

バックホーは
・コンマ1（バケット容量）
・3t（車重）
クラスを使う

重機は移植ゴテや三つグワの延長であり、テクニックよりも操作する人の気持ちがはるかに重要である

農道の補修など土の削り取り・移動が多い場合はバケットが有利

すように引きずって溝の原型をつくることで、地中の硬さを確かめながら、微妙な脈の芯を探ることができる。ただしブレーカーではすべての土を掘り上げるのは難しいので（ロッドとアゴを使って6割くらいの土を上げていく）、あとで人力で仕上げることになる。

途中で硬い層や岩盤に当たることもままあるので、そのときはブレーカーの打撃機能が使える。またU字溝の穴開けや既存のコンクリート構造物の切り欠きなどにもブレーカーは活躍する。

道の補修など底面的な削りや土の移動が多い場合はバケットが有利なので、現場によっては両方リースしておき、必要に応じて付け替える。

3）溝の掘り方（手作業の場合）

手作業の場合、剣スコップ（通称「ケンスコ」）で掘っていく（硬い場合、石が多い場合はツルハシを併用する）。穴の断面は直線・直角にカチッと掘るのではなく、下図のように丸底がよく、さらに凹凸をつけた感じがよい。1章で述べたように、そのほうが渦流ができて浄化・再生の効果が高い。

4）有機資材の入れ方

炭（粒状に加工）がある場合は最初に溝の底に炭を軽く撒いておき、そこに枝を入れていく。有機資材は樹木の剪定枝でも竹でもいい。

太い枝から入れていき、上部には細い枝を置く。置くというよりランダムに編み込むように、ただ投げ入れるのではなく、枝同士が噛み合うように入れていき（これを「しがらみ」という）、上からよく踏み込んでおく。大枝・中枝・小枝をバランスよく入れる。あるところに大枝が集中したり、小枝ばかりにならないように。その比率は自然の木の幹枝のつき方、根の構造に倣う。

竹の場合は40cm前後に切り揃え、太い物は4つ割り程度に割って（ナタなどできれいに割る必要はなく、大ハンマー等で砕いて割ったほうがよい p.91 参照）先に入れ、その上に竹の枝葉を差し込んでいく。

そして炭と、落ち葉や葉つき枝があればそれをかける。これが泥漉しのフィルターになるが、入れ過ぎても詰まってしまう。自然の樹木についている枝と葉と同じような比率で全体が収まると詰まらない。

5）コルゲート管を入れる場合

水脈にコルゲート管を入れる場合は溝の中でやや蛇行させて配置する。人工的な流路は直線や直角になりがちだが、適度な凹凸や曲がりを入れることで空気や

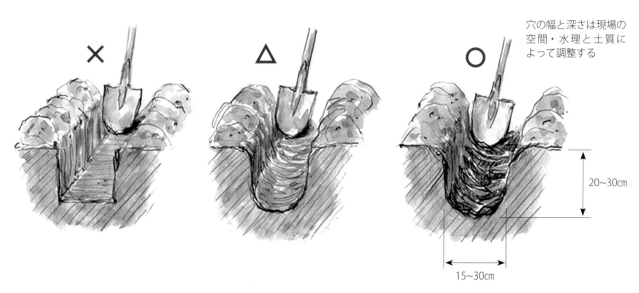

図16. スコップによる溝掘り

× △ ○

穴の幅と深さは現場の空間・水理と土質によって調整する

20～30cm

15～30cm

図 17. 枝の入れ方

コルゲート管のない場合もある場合も同じ

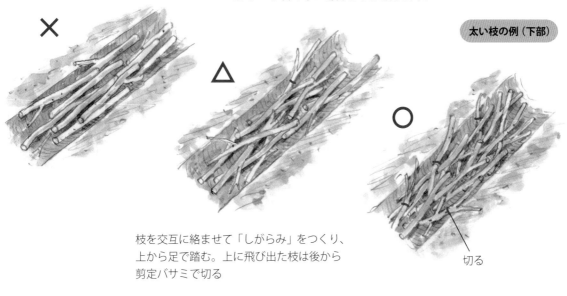

太い枝の例（下部）

× △ ○

枝を交互に絡ませて「しがらみ」をつくり、
上から足で踏む。上に飛び出た枝は後から
剪定バサミで切る

切る

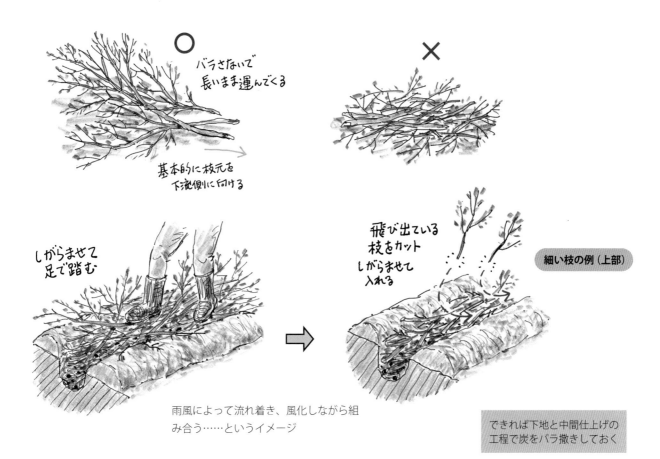

○ ×

バラさないで
長いまま運んでくる

基本的に枝元を
下流側に向ける

しがらませて
足で踏む

飛び出ている
枝をカット
しがらませて
入れる

細い枝の例（上部）

雨風によって流れ着き、風化しながら組
み合う……というイメージ

できれば下地と中間仕上げの
工程で炭をバラ撒きしておく

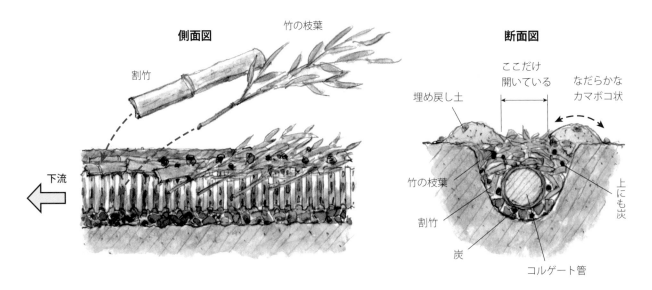

図18. コルゲート管の入った水脈溝 ※竹を使った例

側面図

竹の枝葉

割竹

下流

断面図

ここだけ
開いている

なだらかな
カマボコ状

埋め戻し土

竹の枝葉

割竹

炭

コルゲート管

上にも炭

水に渦流が生じ、浄化や浸透機能が高まる。ただし「くねくねと曲げてやろう」と頭でつくるのではなく、コルゲート管の動きにあわせ自然にできる曲線で収める。

コルゲート管は型枠用のセパレーターや竹串などを利用して一定間隔で地面に固定するが、流路を邪魔しないように管の中心を避け、そして千鳥に打つ。

その上に枝や割竹、炭と、落ち葉や葉つき枝などの有機資材を同じように入れていく。

6）埋め戻し、整地

水脈はただ埋めるのではなく、溝の中央部で水と空気のつながりを保つように上部を少し開けて残す。三つグワを使う場合、溝に向かって掻き下ろすのではなく、逆に上げ気味にして先に石を落としていく（掻き上げることで細かい土は落ちず、石だけが転がり落ちる）。石は枝と土斜面の間に入り込み、土圧を支える（三つグワで押し込んでやる）。そのすき間にまた小さな石がのって最後に土がかぶさる、という階層構造ができると、泥漉し効果できてコルゲート管も詰まりにくい（p.82 参照）。

最後に埋め戻し土と周囲の土を三つグワで馴染ませ

るように整地し、土の露出がないようにグランドカバーを撒いて完成となる。

コルゲート管が入った通気浸透水脈。上部の葉つき枝が泥漉しのフィルターになる

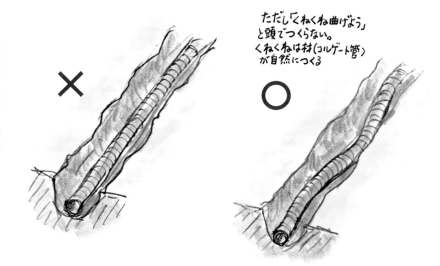

ただし「くねくね曲げよう」
と頭でつくらない。
くねくねは材（コルゲート管）
が自然につくる

図19. コルゲート管の敷設

自然は蛇行曲線をつくるので、空気や水は流線型の中を渦を巻きながら進んでいく。ところが現代土木は施工しやすく管理しやすいように直線や角（かど）をつくる。コルゲート管の敷設は上記の自然を真似て直線でも右図のように曲げながら配置する。さらに地面に強く固定し過ぎないこと。脈は振動するゆるみが不可欠

「固定金具」の打ち方

中心軸を外し固定金具にひねりを入れ、抵抗をつけて打ち込む

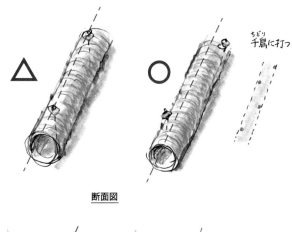

千鳥に打つ

断面図

留め具はコンクリート打設用のセパレート金具が使いよい。なければ割竹でつくる

※中心に打つとゴミ詰まりの原因になりやすい

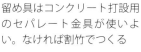

セパの打ち方

土の中にネジレをかける
土に食いつくように

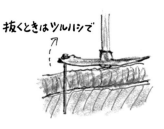

抜くときはツルハシで

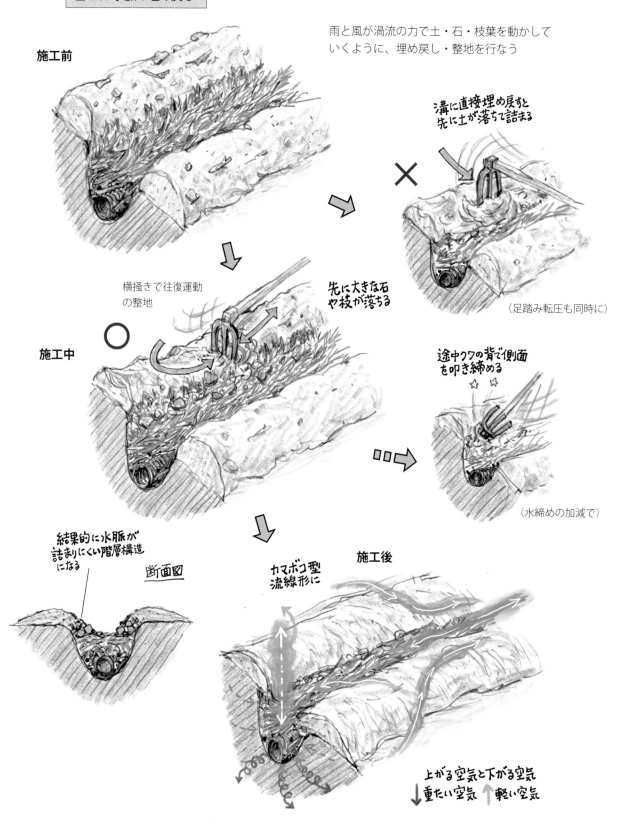

図 20. 水脈の埋め戻し

施工前

雨と風が渦流の力で土・石・枝葉を動かして
いくように、埋め戻し・整地を行なう

溝に直接埋め戻すと
先に土が落ちて詰まる

×

横掻きで往復運動
の整地

先に大きな石
や枝が落ちる

（足踏み転圧も同時に）

○

施工中

途中クワの背で側面
を叩き締める

☆ ☆

（水締めの加減で）

結果的に水脈が
詰まりにくい階層構造
になる

断面図

カマボコ型
流線形に

施工後

上がる空気と下がる空気
↓ 重たい空気 ↑ 軽い空気

82

7）点穴

　水脈の変化点（曲り部や合流点）には「点穴」と呼ぶ深さ 30〜40cm ほどの穴を掘る（水脈溝より深くつくる）。これは縦方向に空気や水を通す役目をし、また雨のときには泥溜まりになる。ずっと直線が続く場合も数メートルおきに点穴をつくる。

　水脈幅よりやや大きく直径を取って逆円錐状に掘って炭を入れ、放射状に枝や竹を入れて土留めと水・空気流のガイドとする。効果を高めるために短く切ったコルゲート管を立てることもある。

　状況によって点穴だけを単独につくる場合もある。たとえば、水切りをしてもまた水溜まりが戻ってしまう場合など、近くの構造物の重量が詰まりをもたらし

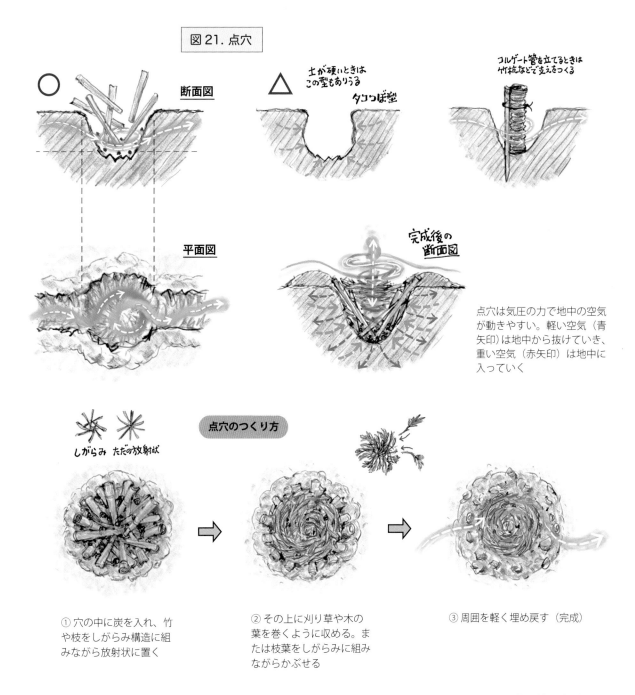

図21. 点穴

断面図

○

△　土が硬いときはこの型もありうる　タコつぼ型

コルゲート管を立てるときは竹杭などで支えをつくる

平面図

完成後の断面図

点穴は気圧の力で地中の空気が動きやすい。軽い空気（青矢印）は地中から抜けていき、重い空気（赤矢印）は地中に入っていく

しがらみ　ただの放射状

点穴のつくり方

① 穴の中に炭を入れ、竹や枝をしがらみ構造に組みながら放射状に置く

② その上に刈り草や木の葉を巻くように収める。または枝葉をしがらみに組みながらかぶせる

③ 周囲を軽く埋め戻す（完成）

ている場合が多い。その構造物のきわに点穴をいく
つかつくると効果がある。点穴が水を吸うのではなく、
水溜まりの詰まった空気を点穴が抜いてくれるのだ。
　樹勢の弱った樹木の根まわりに小さな点穴をつくる

のもよい。炭を入れた点穴はマツ枯れ・ナラ枯れに効
果が高い。傾斜地の果樹園などでは作業道の山側に水
脈をつくり、谷側に点穴を穿つのも効果的である（右
ページ図）。

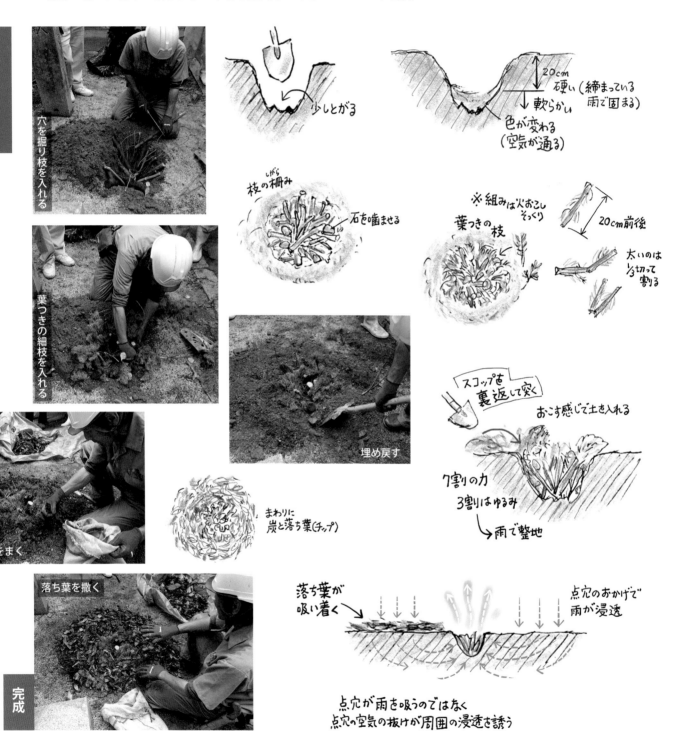

点穴をつくる

穴を掘り枝を入れる

葉つきの細枝を入れる

炭をまく

落ち葉を撒く

埋め戻す

完成

少しとがる

20cm
硬い（締まっている
雨で固まる）
軟らかい
色が変わる
（空気が通る）

枝の柵み
石を嚙ませる

※組みは火おこしそっくり
葉つきの枝
20cm前後
太いのは⅓切って割る

まわりに炭と落ち葉（チップ）

スコップを裏返して突く
おこす感じで土を入れる
7割の力
3割はゆるみ
→雨で整地

落ち葉が吸い着く
点穴のおかげで雨が浸透

点穴が雨を吸うのではなく
点穴の空気の抜けが周囲の浸透を誘う

84

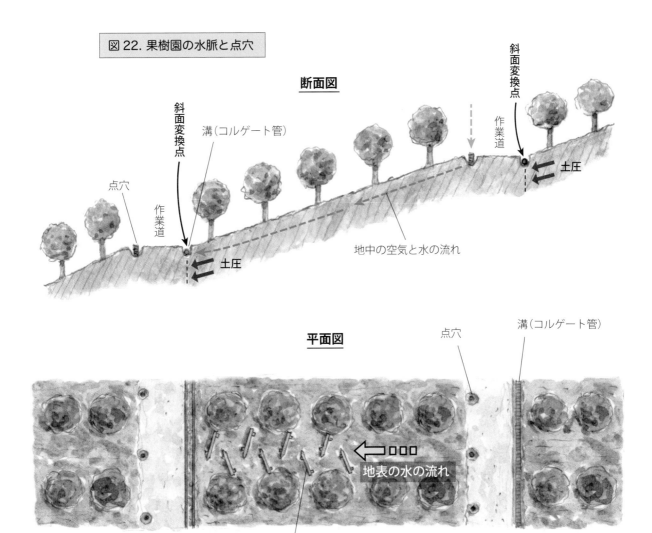

図22. 果樹園の水脈と点穴

断面図

斜面変換点

斜面変換点

溝（コルゲート管）

作業道

点穴

作業道

土圧

土圧

地中の空気と水の流れ

平面図

点穴

溝（コルゲート管）

地表の水の流れ

抵抗柵

8）水脈のメンテナンス

　時が経って埋まってしまった水脈は、三つグワを使って掘りおこし、メンテナンスをする。斜面では右図のように溝の中に足を入れ、下から上に詰まった有機資材を掘り返す（全部でなく3~4割の枝のしがらみにゆるみを入れて空気抜きするイメージ）

　溝をただ真っ直ぐ掘削するのではなく、土から教えられる軟らかいところを掘っていく（多少ジグザグになっていい）。掘削で飛び出した枝は、三つグワの先で押し付けて安定させる。ただ掘るのではなく、掘削、開き、押し……という一連の作業を1本の三つグワでこなしていく。

水脈の上に足を置き、下流から上流に向かって掘りおこす

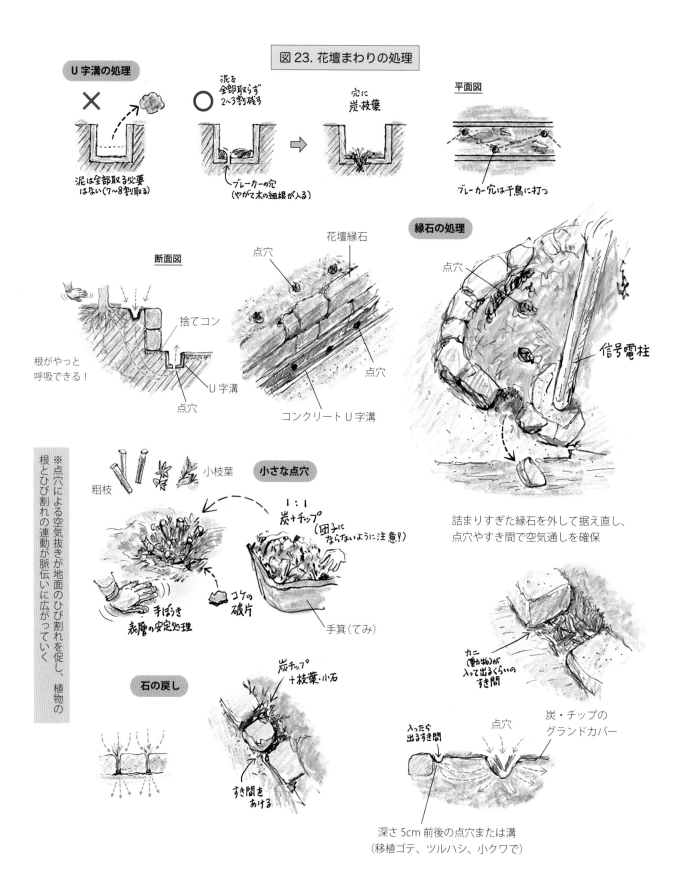

図23. 花壇まわりの処理

U字溝の処理

✕

泥は全部取る必要
はない(7〜8割取る)

◯ 泥を
全部取らず
2〜3割残す

ブレーカーの穴
(やがて木の細根が入る)

穴に
炭・枝葉

平面図

ブレーカー穴は千鳥に打つ

断面図

根がやっと
呼吸できる!

捨てコン

U字溝

点穴

点穴

花壇縁石

点穴

点穴

コンクリートU字溝

縁石の処理

点穴

信号電柱

詰まりすぎた縁石を外して据え直し、
点穴やすき間で空気通しを確保

※点穴による空気抜きが地面のひび割れを促し、植物の
根とひび割れの連動が脈伝いに広がっていく

小さな点穴

粗枝

小枝葉

1:1
炭+チップ
(団子に
ならないように注意!)

手ぼうき
表層の安定処理

コケの
破片

手箕(てみ)

カニ
(動物)が
入って出るくらいの
すき間

炭・チップの
グランドカバー

石の戻し

炭チップ
+枝葉・小石

すき間を
あける

入ったら
出るすき間

点穴

深さ5cm前後の点穴または溝
(移植ゴテ、ツルハシ、小クワで)

9）さまざまな施工のバリエーション

　花壇の縁石や庭石まわりなどは、長年のうちに地面との境界に泥アクが張り付いて空気が通らなくなる。U字溝とセットになっている場合はなおさらである。石をいったん動かして空気通しや点穴の処理をする（図23）。

　車道や空き地などに見られる草が生えてこなくなった硬く締まった土には、ブレーカーで網目状に浅く溝を掘り、炭と粗腐葉土を入れておく。合流点はやや深く点穴をつくる。

　その後は雨風の力に任せておくと自然にほぐされて

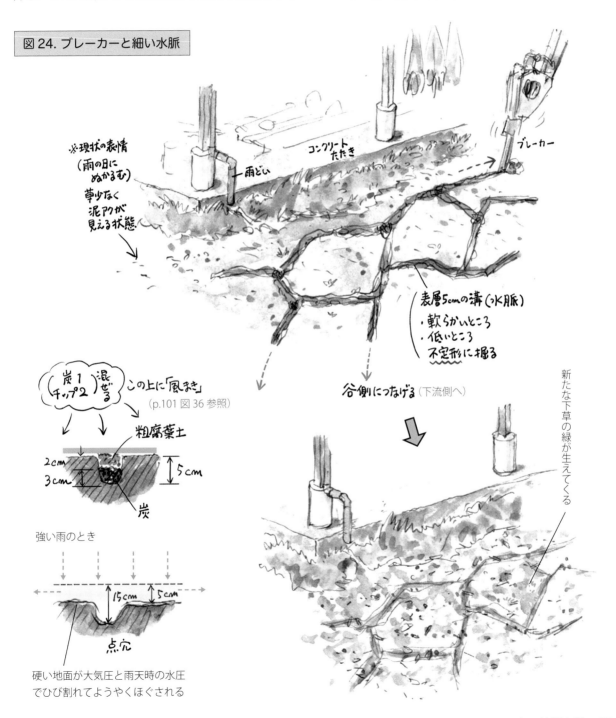

図24. ブレーカーと細い水脈

※現状の表情
（雨の日にぬかるむ）
草少なく泥アクが見える状態。

雨どい

コンクリートたたき

ブレーカー

表層5cmの溝（水脈）
・軟らかいところ
・低いところ
不定形に掘る

谷側につなげる（下流側へ）

炭1
チップ2
混ぜる

この上に「風まき」
（p.101 図36 参照）

粗腐葉土

2cm
3cm
5cm

炭

新たな下草の緑が生えてくる

強い雨のとき

15cm　5cm

点穴

硬い地面が大気圧と雨天時の水圧でひび割れてようやくほぐされる

図25. 樹木まわりの点穴

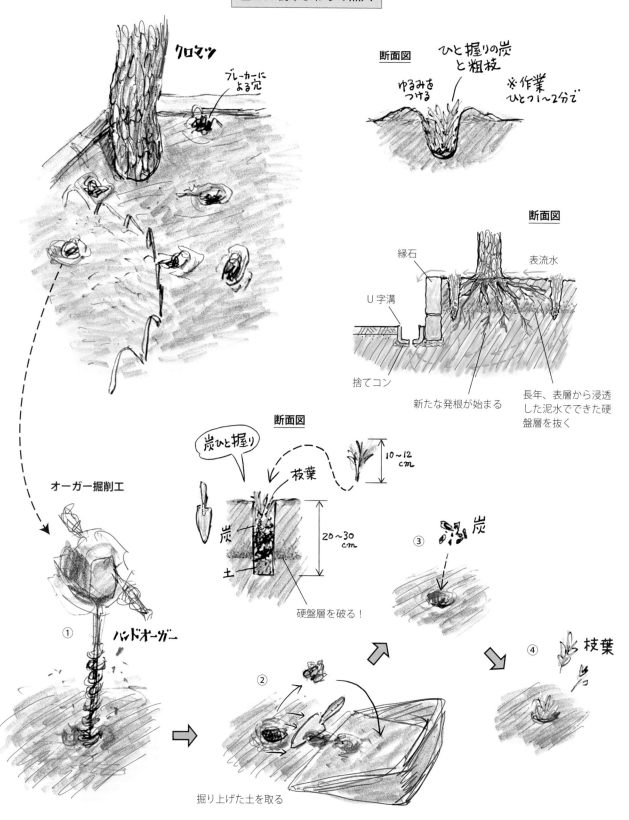

クロマツ

ブレーカーによる穴

断面図

ひと握りの炭と粗枝

ゆるみをつける

※作業 ひとつ1〜2分で

断面図

縁石

U字溝

捨てコン

表流水

新たな発根が始まる

長年、表層から浸透した泥水でできた硬盤層を抜く

断面図

炭ひと握り

枝葉

10〜12 cm

炭

土

20〜30 cm

硬盤層を破る！

③ 炭

④ 枝葉

オーガー掘削工

① ハンドオーガー

② 掘り上げた土を取る

草が生えてくるようになる（図24）。

　庭木などは根まわりに小さな点穴（深さ5~10cm）を掘るのが効果的。中に炭と枝を入れておく。

　公園や社寺敷地など平坦地形で縁石やU字溝に囲われた地面は、長年の泥水の侵入で地下に硬盤層ができている場合が多い。そこでは硬盤層を抜く深い点穴を掘る（土の色が変わるのでわかる）。硬盤層が深い場合はハンドオーガーを使って掘る。硬盤層の位置にひと握りの炭を入れ、その上に枝葉の束を差し込んでおく（図25）。

　下図は放置された果樹園や茶畑を再生させる例である。先に「風の剪定」で樹形を取り戻し、次いで根まわりに点穴を入れる。点穴は枝先の真下あたりに、太枝の本数ほどの数を幹を囲むようにつくる。

　近くに大きな広葉樹などが育ち過ぎている場合でも、根元から伐採することはせず、ハシゴを使って茶畑の日差しをさえぎっている枝を落とす。その樹の周囲にも点穴をつくる。

　茶畑の中を通過する道の再生も重要な仕事である。これについて詳しくは後述する。

図26. 放置された茶畑の再生

放置されて大きく育った広葉樹

大木は根元から伐採せずに光をさえぎる枝を切る

茶畑

2連ハシゴ

ゆるやかに蛇行する歩道（人の管理しやすい道を作る）

点穴

道の再生

道や地形変換線にそった点穴や掘削を施す

「風の剪定」中透かし・先端枝の刈り払い

チャノキ

ゆれの変わり目で剪定

乾かないようにグランドカバー

太枝の本数比率くらいの範囲で点穴をつくる

点穴

「地面・地中の通気改善」
※手が足りないときは表層5cmの点穴掘削だけでも

※獣道・作業道と点穴が連動して、表層に気・水脈の機能が回復し、チャノキの根呼吸が活性化する

ステップを掘る

枝を入れる

点穴

曲線で水切り

S字曲線のラインでやさしく落とす

断面図

「大地の再生」道具図鑑

腰袋

ノコガマや移植ゴテ、剪定バサミなどを腰から下げて入れておくカバー・収納袋

ノコギリガマ

通称「ノコガマ」。刃先がノコギリ状になっている手ガマ。移植ゴテとともに手仕事（地上部の草刈り）で基本となる道具。ホームセンターで売っているふつうのものでよい

雨風の動き（渦）にならった道具の活用！

移植ゴテ

園芸用の小さな片手スコップ。ノコガマとともに手仕事（地下部の土掘り）で基本となる道具。先の尖ったものを購入

カーブソー

片手の造園用ノコギリでブレードがゆるくカーブしているもの。先端に枝を掛けて引き寄せができ、「風の剪定」に細かい枝切りがしやすい

ブレーカー

大がかりに水脈を開削する際、重機（バックホー）による掘削ではバケットではなくブレーカーを（打撃せずに）使う。直線・直角を避けて自然の気・水脈を探り当てるのに向いており、ブレーカーでややランダムな穴溝を掘り、後続隊の剣スコによる手掘りで丁寧に仕上げるのが効果的。もちろんコンクリート構造物の破砕やU字溝の穴あけや岩盤など硬い地面には、打撃をかけて用いる

ブロワー

エンジンもしくは電動の送風機。施工後の仕上げ・掃除に用いる。風通しの確認もできる

ハンドブレーカー

手動式のものも硬い地面の掘削やU字溝の穴あけ、コンクリート構造物の加工に

大地にひび割れをつくりそれを水や動植物がひらくイメージの道具使い

チェーンソー

伐採や枝切りに使うエンジンや電動など動力式のノコギリ。「大地の再生」では主に小型のものが使われる。水脈に使う素材（粗枝や竹など）の裁断にも活躍

草刈機

刈り払い機・エンジンカッターとも（最近は電動バッテリー型も主流に）。「風の草刈り」をするには円盤型のチップソーよりもナイロンコードのほうが向いている

空を切る→風になる！

番線とシノ

主に木杭や丸太などを緊結するとき用いる専用の針金。ビスやボルトを使うより手早く、また自由度が高い。シノという専用の道具で締め上げる

大地と植物の根がからんで支え合う、しがらみ構造を具現する道具

ブルーシート

剪定枝などの有機資材をまとめて運ぶのに写真のように包んで2カ所をしばり、2人で運ぶと早い

剪定バサミ

「風の剪定」のとき細かな枝切りに用いる園芸用のハサミ。水脈の資材として木や竹の枝葉を埋め込むとき、その仕立てにも欠かせない。とくに竹の枝を捌くときには安全で便利な道具

枝をしならせてから刃を当てると、2〜3倍の切れ味を出す

ノコギリ ナタ

林業の道具だが、人工林の再生に林業とコラボするときには必須の道具。とくにナタは危険な道具なので扱いに注意する

大ハンマー

杭打ちに欠かせない道具。水脈資材用に竹を割るときも図のように叩きつけて使うと便利

ケンスコ

先端が尖った両手で使うスコップ。平らなものは「平（ヒラ）スコ」と呼び、ツルハシとともに地面の形状や地質、運ぶ物によって使い分ける。溝掘りには通常「剣（ケン）スコ」を使う

土工道具

穴あきスコップ（水の中の泥かきに）　ケンスコ　三つグワ　ツルハシ

2-7 地面・地中の作業 ──抵抗柵、道の補修

1）抵抗柵（杭の打ち方）

雨水が斜面を一気に流れるような場所には障害物「抵抗柵」をつくり、流速を弱め、水を分散・停滞させ、浸透を促す。抵抗柵は自然の川の蛇行に倣い、流れに直角に置くのではなくやや斜めに傾け、波紋状に並べる。

周囲に丸太や枝、竹などがあれば外部から資材をも

ち込む必要はなく、それらを工夫して使っていく。その際、2本の杭は同じ側に打たず互い違いに打つ（図27．右下）。そのほうが植物の根と同じように、どの方向にも働く。杭は強く打ち過ぎない。息をしながら大地を支える植物の根のように、わずかなゆるみがあってよい。杭の頭が割れるようでは打ち込み過ぎである。いい頃合いで止め、出過ぎた杭頭はノコギリで切っておく。

横木の下には草と石をおいて間をふさぎ、横木と杭を番線で結ぶ。雨風が通って安定する自然さでつくり終える。「雨降って地固まる」……最後は降った雨が

ミカン農園の抵抗柵（p.85 図22 平面図参照）

図27. 抵抗柵のつくり方

細い杭

太めの角材や小丸太でもよい

初期の水の流れ

最終的な水と空気流の流れ

地面とのすき間に刈草・竹枝葉と石を入れると、ほどよく空気が通りながら、水の勢いが弱まっていく

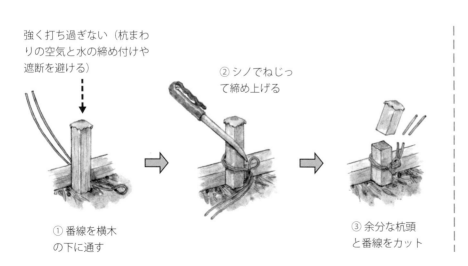

強く打ち過ぎない（杭まわりの空気と水の締め付けや遮断を避ける）

①番線を横木の下に通す

②シノでねじって締め上げる

③余分な杭頭と番線をカット

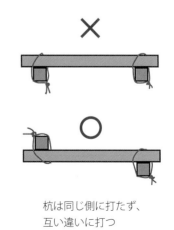

杭は同じ側に打たず、互い違いに打つ

整地する。

2）角材と金具による抵抗柵

　車が通るような農道や作業道に抵抗柵を設置したい場合、また庭などの平地に近いゆるやかな斜面に抵抗柵をつくりたいときは、木杭と番線でなく平たい角材

に穴をあけ、棒金具を打ち付けて止めるとよい。留め金具はコルゲート管の設置に用いるセパ金物（p.42上写真）、もしくは全ネジボルトの頭に六角ナットをつけるなど、必要強度に応じた固定方法を考案する。
　泥水が抑えられ雨水がよく浸透すると、周囲のヤブ化がおさまり植物が元の姿を取り戻す

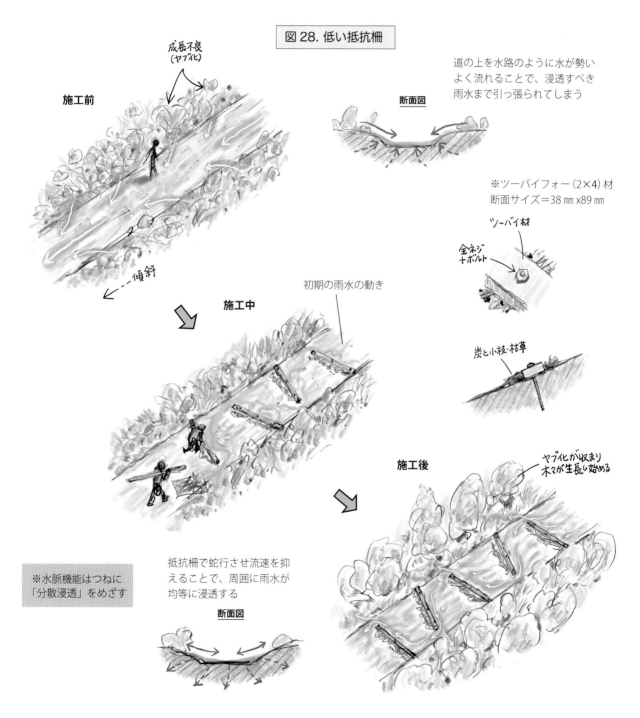

図28. 低い抵抗柵

成長不良
（ヤブ化）

施工前

傾斜

道の上を水路のように水が勢いよく流れることで、浸透すべき雨水まで引っ張られてしまう

断面図

※ツーバイフォー（2×4）材
断面サイズ＝38㎜x89㎜

ツーバイ材

全ネジ
＋ボルト

炭と小枝・枯草

施工中

初期の雨水の動き

施工後

ヤブ化が収まり
木々が生長し始める

※水脈機能はつねに「分散浸透」をめざす

抵抗柵で蛇行させ流速を抑えることで、周囲に雨水が均等に浸透する

断面図

水切りと抵抗柵

停滞する場所には水切り、走り過ぎる場所には抵抗柵を

水切り

水溜まりの跡

表層 5cmの水切り誘導

寺の境内の水溜まり跡に水切りを施し、コンクリートのたたきと構造物の基礎との接点にタガネで溝切りをする

最後に水溜まり跡に土盛りをして足踏みで固める

抵抗柵

水が走って泥が流れた跡

施工前

除草されている社寺の境内では雨が泥水を流す。その流路に木製の抵抗柵をつくる。角材はバーナーで焦げ色をつけ、セパ金物で留め、整地して足で踏み固めて目立たぬように処理をする

施工後

花壇の抵抗柵

花壇の抵抗柵

抵抗柵によって浸透が促され、グランドカバーに撒いた炭・チップが雨で流れなず、側溝が詰まらない

長ネジ（全ネジ）直径8mm×1,000mmを300mmにカットして片側に6角ナットをつけ、穴をあけた角材に打ち付ける

94

3）農道の補修と水切り

抵抗柵をつくらずに土の移動と有機資材を使って水の分散・浸透を促す例である。わだちが掘れてしまった農道などの場合、豪雨の際、わだちが水路になり、道が削られてしまう。部分的なくぼみがあれば掘られる度合いも大きい。クワを使って土を移動し、坂の途中で水が谷川に落ちるように誘導し、くぼみは周囲の枝や草などを使って埋めていく。水が走らなければ部分的に草も生え、泥の流出はさらに抑えられる。

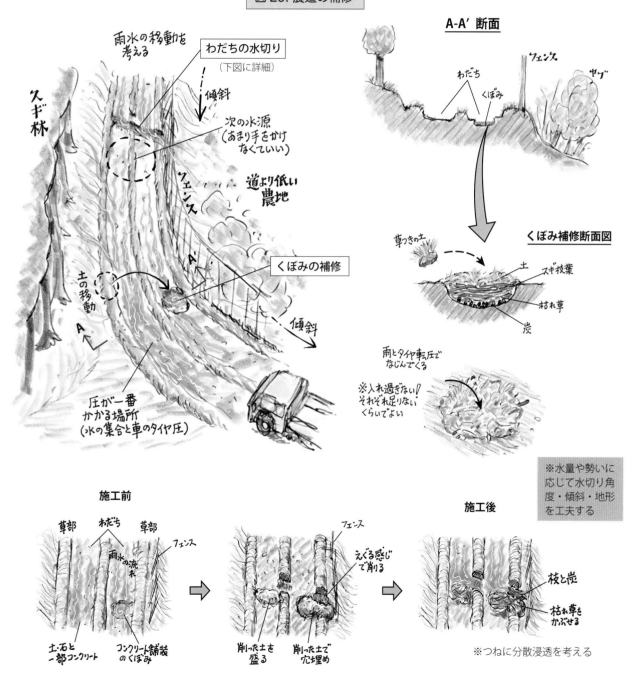

図29. 農道の補修

A-A' 断面

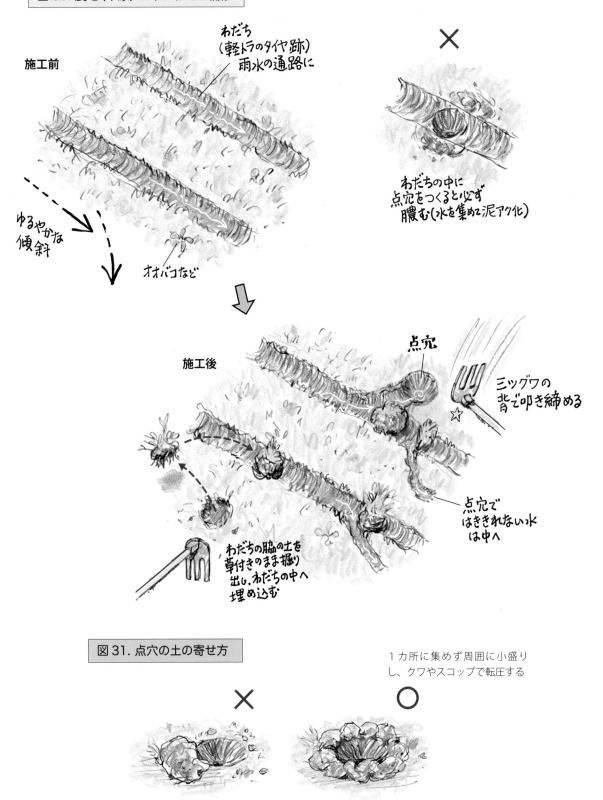

図30. 農地（草原）の中のわだち補修

わだち
（軽トラのタイヤ跡）
雨水の通路に

施工前

×

わだちの中に
点穴をつくると必ず
膿む（水を集めて泥アク化）

ゆるやかな
傾斜

オオバコなど

施工後

点穴

三ツグワの
背で叩き締める
☆

点穴で
はききれない水
は中へ

わだちの脇の土を
草付きのまま掘り
出し、わだちの中へ
埋め込む

図31. 点穴の土の寄せ方

１カ所に集めず周囲に小盛り
し、クワやスコップで転圧する

×

○

図32. 傾斜のない農道のわだち補修

※とくにくぼみの目立つ場所を集中的に

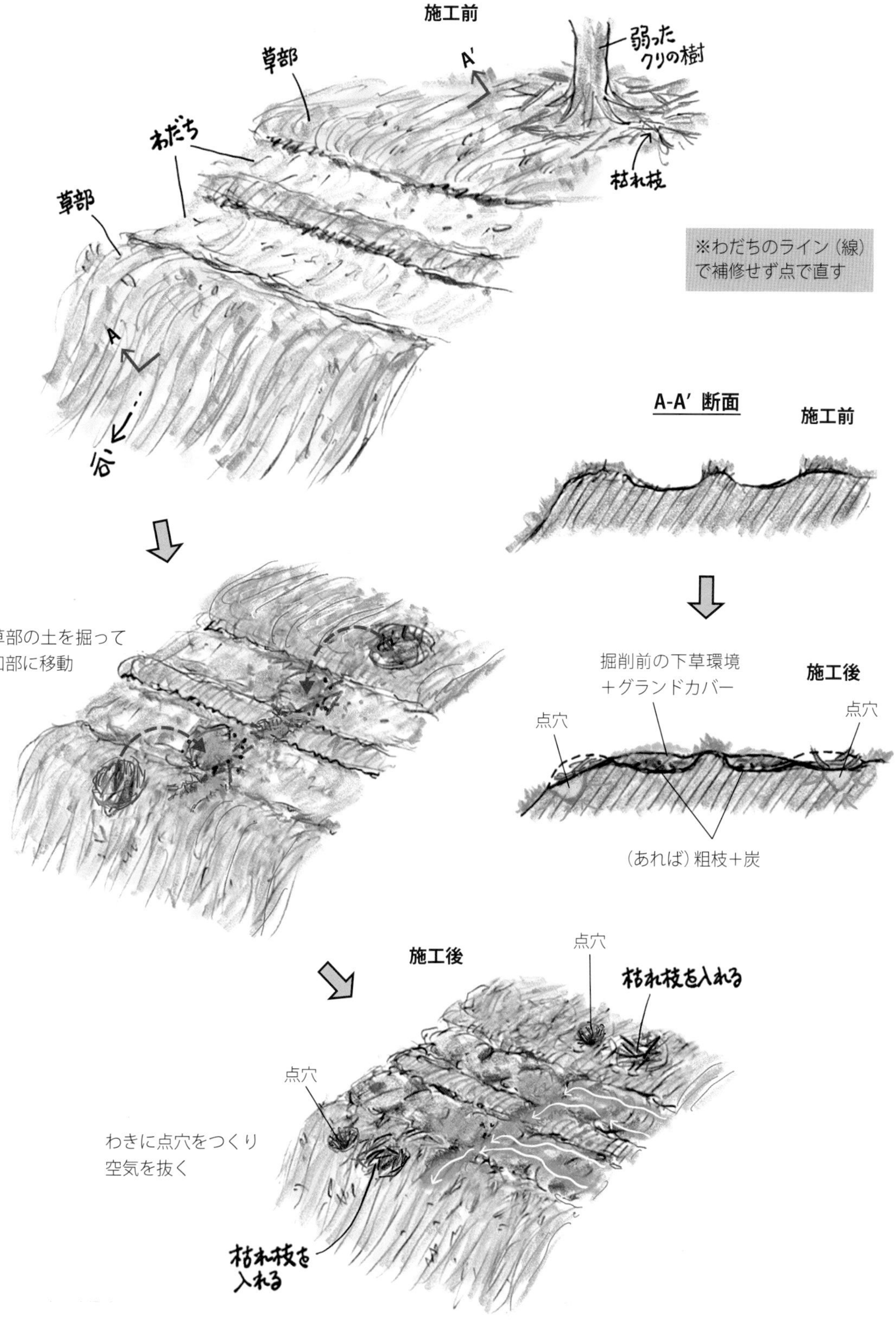

施工前

草部

わだち

草部

A'

A'

弱った
クリの樹

枯れ枝

谷

A

※わだちのライン（線）
で補修せず点で直す

草部の土を掘って
凹部に移動

A-A' 断面

施工前

掘削前の下草環境
＋グランドカバー

点穴

施工後

点穴

（あれば）粗枝＋炭

施工後

点穴

枯れ枝を入れる

点穴

わきに点穴をつくり
空気を抜く

枯れ枝を
入れる

図 33. 作業道の水切り

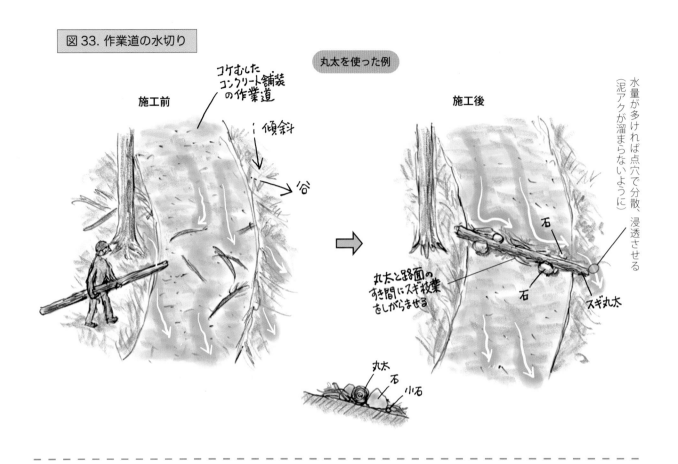

丸太を使った例

施工前

コケむした
コンクリート舗装
の作業道

傾斜

谷

施工後

水量が多ければ点穴で分散、浸透させる
(泥アクが溜まらないように)

石

石

スギ丸太

丸太と路面の
すき間にスギ枝葉
をしがらませる

丸太

石

小石

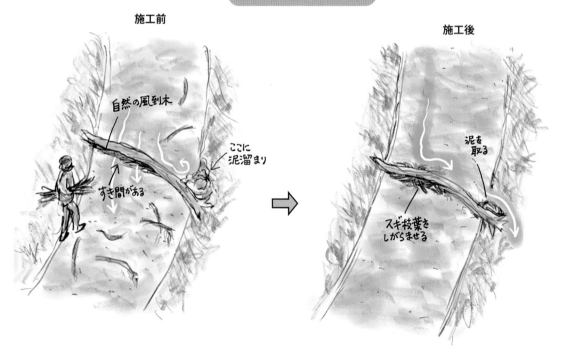

風倒木がつくる水切りの補助

施工前

自然の風倒木

ここに
泥溜まり

すき間がある

施工後

泥を
取る

スギ枝葉を
しがらませる

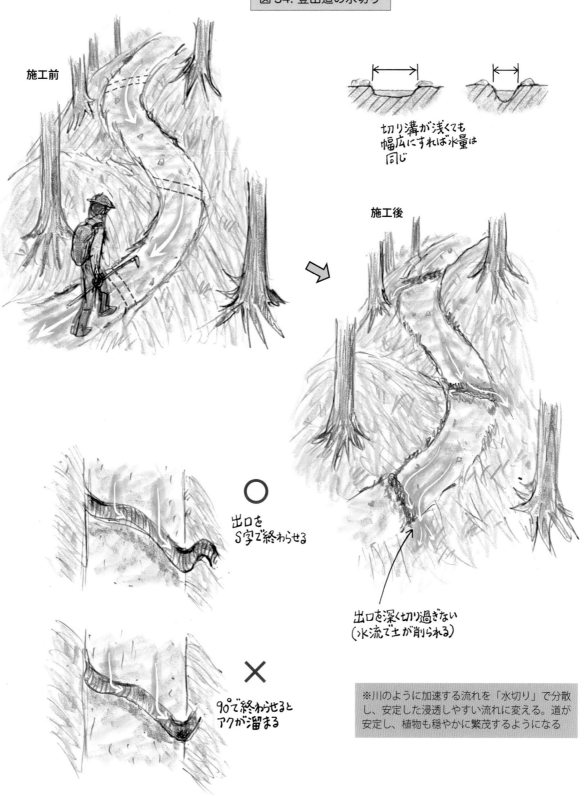

図 34. 登山道の水切り

施工前

切り溝が浅くても
幅広にすれば水量は
同じ

施工後

○

出口を
S字で終わらせる

出口を深く切り過ぎない
（水流で土が削られる）

×

90°で終わらせると
アクが溜まる

※川のように加速する流れを「水切り」で分散
し、安定した浸透しやすい流れに変える。道が
安定し、植物も穏やかに繁茂するようになる

2-8 グランドカバーと
有機アスファルト

1）グランドカバーと炭

水脈まわりの埋め戻しを終えたとき、また水切りでぬかるみを解消した後で、地面に仕上げのグランドカバーとして炭や粗腐葉土・チップを撒く。

先に炭を撒き、その上に粗腐葉土やチップを撒くと、炭に泥が詰まりにくい。炭がない場合はやや粗く整地し、地中に空気が入りやすくしてから資材を撒く。

手箕（み）による資材の撒き方には風のように散らばって広がりをもつ「風まき」と、水が落ちるようにドドッとまく「水まき」がある。グランドカバーには前者を、水脈への投下・埋め戻しのときなどは後者を使い分ける（右ページ図36参照）。

グランドカバー

移植ゴテで表層5cmを引っ掻いて水溜まりの水を排水溝に誘導する。溝には炭と枝葉を入れ、地面は炭と粗腐葉土を撒いて仕上げる。剪定枝なども細かく裁断すればグランドカバーに使える

屋上緑化では「くん炭→腐葉土→粗炭→チップ」の順に重ねていく。たっぷりの炭が保水力を確保

バーク（樹皮）のチップは少ない量で広い面積に撒くことができるが、劣化は早い

木材そのものを砕いたウッドチップ。晴天が続いたときの保水カバーにもなるので果樹園に向く

図35. グランドカバーと炭

土は圧縮すると詰まって
空気を通さなくなる

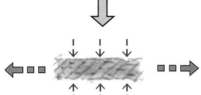

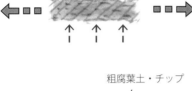

粗腐葉土・チップ

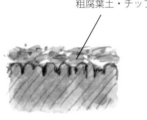

炭がない場合は縦に空気が通る
ようラフに整地する

炭は自身に小さな孔を
もっているので圧縮して
も空気を通す

炭は種類は問わない
大きなものは砕いておく

炭が上　△　　粗腐葉土・チップ　　○
炭が下

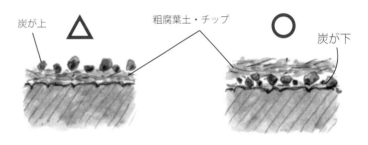

炭は泥で詰まるので、粗腐葉土・チップなど
有機物をセットに使うと、泥漉しになる

図36. 炭やチップの撒き方

風まき
空気に乗せるイメージ

やや高い位置から両手で横振り・縦振
りの動きで空気に乗せて振り撒く

水まき
地面に流すイメージ

やや低い位置から縦に振りながら水が流れ落ちるよ
うに撒く（風まきより多めの量になる）

図37. 有機アスファルト

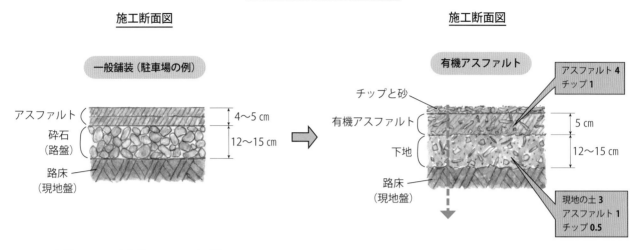

施工断面図

一般舗装（駐車場の例）

アスファルト
砕石
（路盤）
路床
（現地盤）

4〜5 cm
12〜15 cm

施工断面図

有機アスファルト

チップと砂
有機アスファルト
下地
路床
（現地盤）

アスファルト 4
チップ 1

5 cm
12〜15 cm

現地の土 3
アスファルト 1
チップ 0.5

有機アスファルト施工フロー（一例）

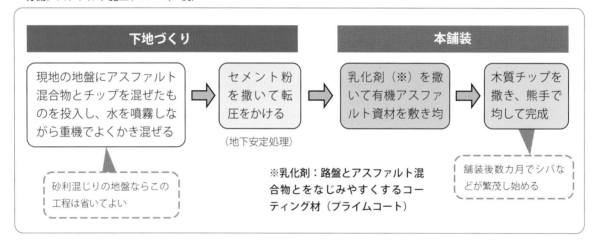

下地づくり

現地の地盤にアスファルト混合物とチップを混ぜたものを投入し、水を噴霧しながら重機でよくかき混ぜる

→ セメント粉を撒いて転圧をかける

（地下安定処理）

砂利混じりの地盤ならこの工程は省いてよい

本舗装

乳化剤（※）を撒いて有機アスファルト資材を敷き均

→ 木質チップを撒き、熊手で均して完成

舗装後数カ月でシバなどが繁茂し始める

※乳化剤：路盤とアスファルト混合物とをなじみやすくするコーティング材（プライムコート）

図38. 土モルタル

U字溝を使った従来の「雨落ち」を土モルタル＋コルゲート管に変えた例

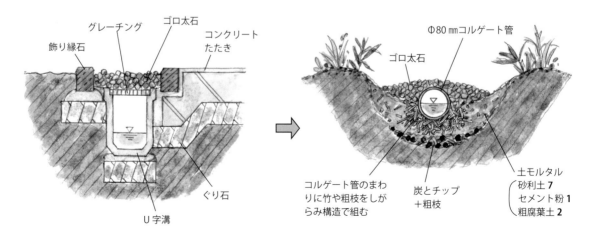

飾り縁石
グレーチング
ゴロ太石
コンクリートたたき
U字溝
ぐり石

Φ80mmコルゲート管
ゴロ太石
コルゲート管のまわりに竹や粗枝をしがらみ構造で組む
炭とチップ＋粗枝
土モルタル
砂利土 7
セメント粉 1
粗腐葉土 2

2）有機アスファルト

a. 下地……有機アスファルトは一般的なアスファルト混合物にチップなどの有機資材を2割程度混ぜたもので、現場で混合しながらつくる。

アスファルト合材は165℃以上でつくられ、現場での締め固め前の温度は110℃以上と規定されている。つまり、トラックの荷台で冷めないようにシートをかけられて、かなり熱い温度で現場に到着する。

下地は水平を見ながら現場の地面の土をバックホーのバケットなどで掻いてほぐしておき、アスファルト合剤とチップを混ぜ込んでいく。「現場土3：アスファルト1：チップ0.5」くらいの割合がよい。

同時に水を散布しながらバケットやレーキ（人力）で平らに均していく（水はアスファルト合材の熱で水蒸気化し、水と油が融合しつつ微細なすき間をつくる）。さらにセメント粉を撒きプレートコンパクターやローラーで転圧をかける。下地の厚みは転圧後15cm程度になっている。

あらかじめ砕石混じりの土にチップを混ぜて転圧し、水をまいてセメント粉をふって硬化させておいた地面なら、そのまま下地をつくらず直接本舗装できる。ただし接着剤として乳化剤（プライムコート）を噴霧するケースも考えていい。

b. 本舗装……2杯目のアスファルト到着を待ち、トラック荷台の中でチップを混ぜていく。荷台から混合したものを下ろし、レーキを使って下地の上に均していく。手に伝わってくる重みが一様に感じられるように体で厚みを計り、均一に敷き込んでいく。プレートで転圧をかける。この作業を連続して行ない、最後にローラーで転圧。最終的に舗装厚は5cm程度になる。

そして水をかけてから、砂と粗腐葉土を撒く。さらにホウキで均し、その上にチップを撒く。ここまでくるともう外観はアスファルト舗装には見えない。

c. 注意点……一度に大量に運び込むと、全部を均し終える前にアスファルト合剤が冷え固まってしまうので、4tトラックで継ぎ足しながら施工する。適宜水を撒くのは中に水蒸気の気泡をつくるためだが、撒き過ぎては冷めてしまうので加減する。

継ぎ目の部分はチップを払い寄せて、新しいチップ入りのアスファルトを重ねていく。継ぎ目は専用の道具（タンパー）で念入りに突き固め、さらにプレートコンパクターで転圧する。

アスファルト合材は冷めると硬化してバケットにこびりつく。次の作業のために、バールや平スコップを使って剥がしておくが、剥がれにくいところはガスバーナーで炙ると軟らかくなる。レーキやスコップにも張り付くので、ときどき灯油を使って洗う。またプレートコンパクター（転圧機）などは、ときどき灯油を染み込ませた段ボールで底を拭いてやる。

やや低く、水が集まりそうな場所には下地に炭を撒いておくとよい。水が停滞したときの有機物の腐蝕を防ぐことができる。

d. バリエーション……「再生砕石」（廃材アスファルト、コンクリート、レンガ等を破砕したリサイクル材）とアスファルト合剤とチップを混ぜたものも駐車場などに使える（多少石は動くが空気と水は通る）。

土モルタルはモルタル（砂利土＋セメント粉）に粗腐葉土を2割程度混ぜたもので、コルゲート管と組み合わせると自然な仕上がりの浸透型・暗渠排水ができる（図38）。

工事1年後の有機アスファルト駐車場（p.53写真の現場）。裾のあたりからシバが生え出している（宮城県仙台市 2019.12）

2-9 里山・農地の再生

1）放棄田畑の再生の第一歩
——風通しの確保

里山で長年放置された棚田・畑のヤブ化を解消する突破口は、畝溝・あぜ溝と周辺水路の風の脈（動線）をつないでいくことである。石垣に繁茂する低潅木や草本を部分的に刈って風の通り道をつくる（全部刈る必要はなく何本か風みちを開ければよい）。そして風がほどよく流れるように、田畑の中の雑草は腰の高さで刈る。石垣の下部はきれいに刈り払って、水路があればその中を刈り払い、風が流れるようにする。

風がどういうふうに通り抜けるか全体を考え、作業は控えめに深追いしない。これに水脈整備を加えることで地中の空気が動き、植物が細根を出し穏やかにコンパクトに姿を変え、自ら空間をつくるようになる。

そうして先に水脈や点穴などを入れておくと雑草の

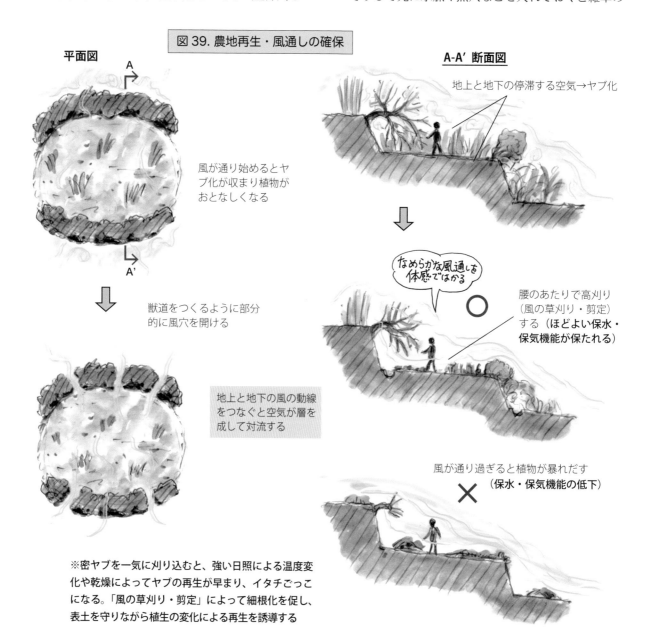

図 39. 農地再生・風通しの確保

平面図

A

A'

風が通り始めるとヤブ化が収まり植物がおとなしくなる

獣道をつくるように部分的に風穴を開ける

地上と地下の風の動線をつなぐと空気が層を成して対流する

A-A′ 断面図

地上と地下の停滞する空気→ヤブ化

なめらかな風通しを体感ではかる ○

腰のあたりで高刈り（風の草刈り・剪定）する（ほどよい保水・保気機能が保たれる）

風が通り過ぎると植物が暴れだす ×（保水・保気機能の低下）

※密ヤブを一気に刈り込むと、強い日照による温度変化や乾燥によってヤブの再生が早まり、イタチごっこになる。「風の草刈り・剪定」によって細根化を促し、表土を守りながら植生の変化による再生を誘導する

伸びはおさまり、根も深く硬くならない。次のシーズンに三つグワなどで除草と開墾ができるようになる。

2）暴れ木とヤブの処理

石垣の天端や農地の裾などに生えた樹木は、根元から伐採すると風と光の環境が激変するので、枝払いで風が通るようにする。見た目のきれいさで切り揃えるのでなく、風がほどよく通ることが目的。切った枝葉は持ち出したりまとめて積み上げる必要はない。その場に伏せてグランドカバーにする（図40）。

一面のヤブが広がって石垣すらも見えない場所、あるいは湖岸のヤブなどでも、最初から全部切り開く必

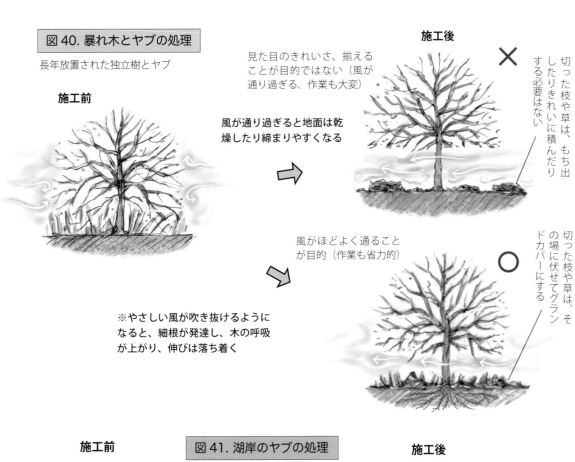

図40. 暴れ木とヤブの処理

長年放置された独立樹とヤブ

施工前

見た目のきれいさ、揃えることが目的ではない（風が通り過ぎる、作業も大変）

風が通り過ぎると地面は乾燥したり締まりやすくなる

施工後

×

切った枝や草は、もち出したりきれいに積んだりする必要はない

風がほどよく通ることが目的（作業も省力的）

○

切った枝や草は、その場に伏せてグランドカバーにする

※やさしい風が吹き抜けるようになると、細根が発達し、木の呼吸が上がり、伸びは落ち着く

施工前

ヤブ

図41. 湖岸のヤブの処理

風がどういうふうに通り抜けるか、作業はいつも控えめに、深追いしないように。かといって足りなくてもダメ

※水脈の「風通しライン」をさえぎっている草・木・ツル・立木・石などをほどよく避けて、導線（＝動線）を開く

施工後

石出

全部刈らずにくびれているところを開く

要はない。くびれているところを見つけて、そこを山側（石垣側）に向かって獣道のように開いていく（図41）。

3）石（岩）と植物、植栽土木

　山の急斜面を支えるには土と木だけでは無理で、石や岩が必要になってくる。その石のまわりにも空気が循環していないと風化が早まり、崩れやすくなる。この循環をもたらすために「木」が寄り添っている。そのように空気と水が長い年月をかけてつくった彫刻ともいうべき場所が、山にはたくさんある。

　そこに短期間の土木工事によって道がつくられ、岩場の水脈が分断されて石まわりの呼吸が悪くなると、石への苔のつき方が弱くなり（鮮やかさがなくなる）、植生もうなだれ、枝が暴れたりしてくる。樹勢が暴れて強根を張り、岩が崩れる心配も出てくる。道と斜面との変換点にしっかりとした水脈や点穴をつくり、道が川にならないように水切りで雨水を谷に分散させる必要がある。

　斜面に生える樹木の根の役割（機能）は次の4つ。

1）土を支える（土圧・耐圧）
2）土の中に空気と水を通す（通気・通水）
3）浄化機能（泥を漉す、濾過）
4）土の中に空気と水を保つ（保水・保気）

　土を支えることと土の中に空気を通すことは相対するもので、コンクリート現代土木が抱える最大の問題点だが、樹木の根はこの矛盾することをやってのけるだけでなく、汚れた水を浄化する機能も具えている（根に寄り添う微生物や菌類の協力もある）。

　石はその重さと硬さによって斜面を安定させる重要な役割をもつが、まわりの空気と水を循環させるには樹木がワンセットに置かれる必要がある。図43の「植栽土木」がその施工例であり、従来の工法では基礎は突き固めてグリ石を据えるが、それでは地中の空気が通りにくい。植栽を入れることでそれを解消できる。木杭は植栽木の根が発達するまでの「仮の根」という

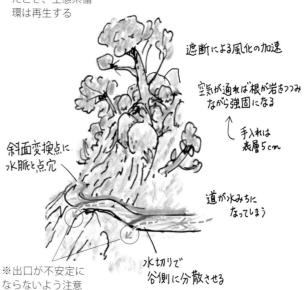

※植物と石と水脈機能が連動したとき、生態系循環は再生する

図42. 岩場と樹木

遮断による風化の加速

空気が通れば根が岩をつつみながら強固になる

↑手入れは表層5cm

斜面変換点に水脈と点穴

道が水みちになってしまう

※出口が不安定にならないよう注意

水切りで谷側に分散させる

ことができる。

　野生のセキショウは水や空気がよく通るところに生えている。地面を押さえるように玉砂利を並べると空気が詰まったり乾いたりしやすく、水辺の好きなニワゼキショウが健やかに育たない。玉石は自然の渓流の石がそうであるように、岸辺の土圧を支えるように置き、ミニマルな谷をつくる。すると空気と水が行き来をし、清流の水辺を好む植物も順応する。いわば渓流・清流のミニチュア版をつくるわけである。

　図42~44は流体における「ミクロとマクロは相似形」という「大地の再生」の本質をよく表している。

玉石で谷をつくれば枕木の表情もよくなり、間に植えたノシバもコンパクトにまとまってくる

図 43. 有機的な石の据え方「植栽土木」

断面図

従来の手法は地中の水や
空気が通りにくい

△

突き固める　　　　ぐり石と砕石

植栽と木杭を用いた手法は
水や空気の流れがよく通る

植栽

○

木杭

砕石と
セメント粉

セメント粉は雨で硬化するとき微細な空間
をつくる。木杭はいずれ腐るが、その頃に
は植栽木の根がすき間を埋めて、空気と水
を通しながら石が強固に落ち着く

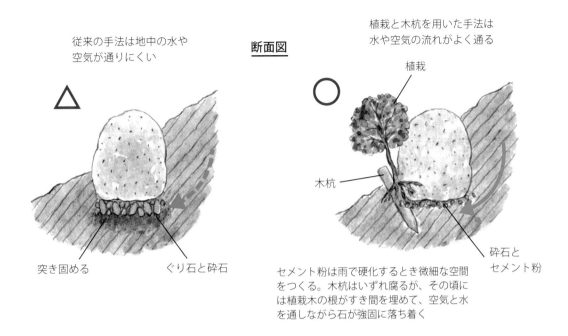

図 44. 玉石の置き方とニワゼキショウ

土　　玉石

コンクリート
（枕木）

植栽のリズム

植栽は流れの蛇行リズムに合
わせた間隔（不定形）をとる

断面図

×

※均一な土圧が空気と水の停滞を生む

○

土圧を支えるように
石を置くと空気が通り
ニワゼキショウも活着

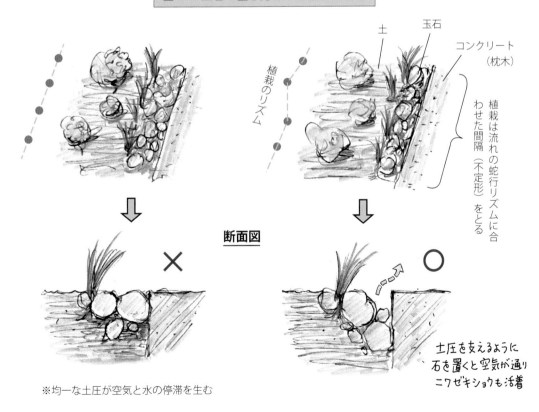

4）スギ・ヒノキ人工林の再生

戦後の拡大造林で植えられたスギ・ヒノキを中心とする人工林は、日本全土の森林の約4割を占めている。そのため間伐の手入れが追いつかず、風雪害や土砂崩壊が多数おきている。また雨で表土が流れ、間伐しても草が生えない斜面が見られる。巻き枯らしなどを併用した強度間伐は必須だが、さらに気・水脈の施業を加える必要がある。以下にその要点を解説する。

a. 切り捨て間伐材の置き方……表土の流出を抑えようと切り捨て間伐材を等高線の方向に、切り株や正木を杭がわり平置きするのが主流だが、材の重さで土締め付けて空気が通りにくい。伐倒したままランダムに重ね置きするほうがよい（図45）。

b. 根倒れなどで掘られてしまった溝の処理……倒木を切って杭と横木をとり、土留め柵をつくる（p.60写真参照）。台風に倣ったような大胆な造作でよい（細かいことは雨風がやってくれる）。

図45. 空気視点から見た人工林の手入れ

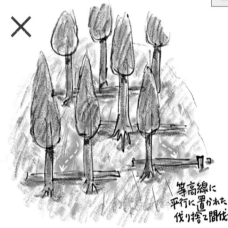

等高線に平行に置かれた伐り捨て間伐材

下層植生がなく、流れる土留めのため（見栄えもよいので）間伐材を等高線に沿ってベタ置きすることが（森林組合の施業も）慣例化している

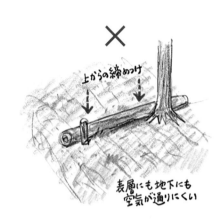

上からの締めつけ

表層にも地下にも空気が通りにくい

この施業は枝払い・玉切り・移動といった労力が多いわりに下層植生が回復しにくい

※間伐材はランダムに重ね置きし、枝払い・玉切りは最小限に

ただし自然地形の谷筋（水脈ライン）を遮断するような置き方は避ける

斜めにランダムに置く

倒しっぱなしで枝払いせず重ね置きしたほうがシカ食害が防げる

c. 間伐の選木と伐り方……経済林としての価値だけでなく、気・水脈の流れも見て決める（水脈を引くように間伐）。地ぎわでなくやや高く伐る。

d. 水切りと点穴……林内の水脈と沢谷本流の水脈をつなげる土木施工（水切り、水みちの開削、もしくは走り過ぎの抑制）を考える。点穴は風の動線にも入れると効果的。本流をダムや砂防堰堤で止めている場合はとくに重要で、小沢のメンテナンス（p.118 図52 参照）を定期的に行なうこと。

e. 獣害対策……以上の方法で植生が回復しても、今はシカなどの食害がはなはだしい。これを防ぐのはシカが侵入できないエリアを人工的につくるしかない。すなわち伐倒木を枝払いせず、玉切りしたものを組み合わせてジャングルジムのようなかたまりをつくり（高さは 50~60cm程度、シカは腹をこするのを嫌う。番線しばりを併用するとよい）、それを気・水脈の流れを考慮して点在させる。電柵のように林内を囲むのではなくモザイク状に配置する。そうして陰影のある空間をつくるほうが多様な植生も回復する。

傾斜地の人工林では見栄え重視、経済優先の施業は慎み、実生の広葉樹を伐らずに育て、天然の針葉樹林のような階層構造を取り戻すことである。

平行置きした玉切り材は豪雨のとき流れてしまうこともある（神奈川県裏丹沢 2019.11）

真新しい人工林崩壊の跡。人的被害がなければほとんど報道されることがない（撮影／同左）

根倒れした溝に土留め柵をつくる。簡易的でいいが、土圧でずり落ちないようにしっかり固定したい

林内の歩道に水切り。ここでも「停滞せず走り過ぎず」が基本（p.95 図34）。三角ホーのような長柄のカマが便利

5）放棄竹林・ササヤブの再生

　竹林は管理を怠ると地下茎で増殖していくので、隣の敷地に侵入しないようにはみ出た竹は伐るのが基本だが、ふだんは竹林内を適度に間伐しておくといい竹の子も穫れる。根絶やしにしようと竹林を皆伐すると急激に日当たりがよくなるので、翌年からまた勢いを増した竹と格闘することになる。

　皆伐せず、「中で傘をさして歩ける」を目安に抜き伐りする。さらに明瞭な小道を何本かつくっておくと、そこが風と水の道になり、草本や実生の樹木なども生えるようになる。

　曲がった細い竹は地ぎわから水平に切る。これは飛び出した切り株での怪我の危険を避けるため。やや太いものは膝上くらいの位置で高伐りする。そのほうが作業が楽だし切り口も安全。節と節の間で伐ると幹穴に水が溜まって根を腐らせたりヤブ蚊がわいたりするので、節のすぐ上で水平に伐る（節止め）。

　伐った竹は枝払いをして、幹と枝をそれぞれ分けて小山に積んでおく。その小山も島のように分散させて地面に風が通るように配置する。竹の枝払いはナタを使うより、竹の幹を使って叩いたほうが早くて安全だ（p.60に図）。枯れたものや放置して乾燥した枝は手強いので、剪定バサミやノコギリを使う。

　ササやネザサのヤブは全伐するより周囲に点穴を開けたり、風みちを通して地中のガスを抜き、詰まりを解消する。ササやネザサは詰まった地面に適応しているので、それを直さないかぎり解決しない。周囲の道、水路、沢などの気・水脈を回復させることが先決である。

6）田んぼの再生

　a. 放棄棚田の場合……田んぼを放置すると、有機ガスにも負けない手強い雑草（ススキなど）が生えてくる。しかし内周に溝を掘って、空気や水の循環を促せば、開墾直後の田んぼでもイネはできる。まずは田んぼの周囲に素掘りの溝を掘る。棚田の場合、石垣側はダブルで掘るとよい（石垣直下は詰まりを呼吸させ

下部がコンクリートで固められていたためにヤブ状態だった竹林に、沢までの道を通したところ、そこに風が抜けるようになり、ヤブが沈静して明るくなり、今では小道にシャガなどが群生し、実生のカエデ（写真上）など樹木が入り込むまでになっている。山梨県上野原市「大地の再生 技術研究所」内（撮影 2019.1）

放置竹林こそ、水脈や点穴が効果的！

荒くばらまいて入れたあと、雨水が溜まらないよう割り面を下に返す

竹は幹から枝葉まで余すところなく水脈溝の資材となる。軽いので資材としてストックでき炭づくりも

る溝、田んぼ側はこれから水を引き入れる溝）。人間の力だけでなく、水の力・空気の力を利用する。そのためにほどよい水みち・空気みちを付けてやる。

内周の溝ができたら田の中のススキなどの株を抜いていく。刈り取られた草はある程度田の中に残すが、有機物量が多過ぎる場合は掻き集めて外に出す。

その溝に沿って水を流すと土がゆるんでくる。溝はあぜ側は直角断面に、田んぼ側はカマボコ型（曲面）にしておくと。田の土の中に水が入りやすい。あぜ側は水が入りにくいので守られる。直角の切土と曲面にしておくのとでは、水の入り方がまったく違う。曲面のほうはドロドロになるほど土が軟らかくなる。

b. 基盤整備された田の場合……基盤整備で重機が入った田んぼは、スコップで掘ってみると硬くなって浸透性のない土壌（硬盤層）に突き当たる。グライ土壌の有機ガスが出るためイネはこの深さから下に根を伸ばせない。

対策としては田んぼの内周ぐるりに溝を掘り、縦にも何本か溝を入れて空気通しをしてやる（内周よりも深く）。イネの生長にはイネ本来の湿地環境をつくってやるのがよい。水の入りと出を調整して**田んぼ全体に一定の対流がおきるやさしい流れをつくってやる。**

田渡しで水が動く田んぼの場合は、出口の穴の手前に大きめの点穴を掘っておくとよい。昔は一枚が小さかったから田渡しの溝（穴）は1カ所でもよかったが、大きくなった今ではうまく対流を見極めて穴の数を増やしてもよい。

c. 再生後の田んぼ管理（草の管理）……自然状態のイネと同じような、湿地の生育環境をつくればそれほど雑草ははびこらない。水をつねに流し続けることで、土の重さよりも水比重の高い状態をキープしてやればよい。

最初にしっかりした湿地環境を整えてやれば地温が安定するので水温が低くても問題ない。そして風通しも重要である。

入りと出が等しく水が満遍なく流れる田んぼでは、水はつねに澄んでいる。透明度が高いので藻が適度に繁茂し、水中に酸素を溶かし込む。それによって田んぼの中や周辺の水路に水生昆虫や両生類、魚類など豊富な生き物を育てることができる。

田んぼでは雑草を引き抜くことはしない。そうすれば隣のイネの根を傷めてしまう。雑草を踏んで背を低くしてやるだけでもよい。雑草と共存して生長するのが本来のイネの姿なのだし、雑草にも役割がある。たとえばある種の水生昆虫は田んぼの雑草に産卵する。掛け流しの田んぼでは雑草はごく少なく、初期除草もほとんどいらない。

山梨県上野原市「大地の再生 技術研究所」の実験田（左）と、水路のモツゴ（撮影2019.9）

前日、水みちと風通しをよくしたところ、1日で穂がピンと直立していた。イネは気・水脈の変化に非常に敏感な植物である

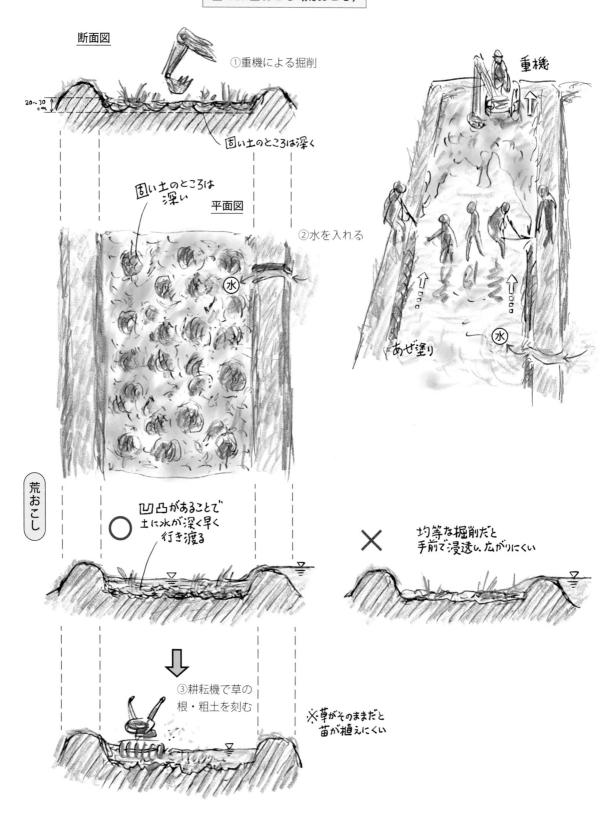

図46. 田おこし（荒おこし）

断面図

①重機による掘削

20〜30 cm

固い土のところは深く

固い土のところは深い

平面図

②水を入れる

水

荒おこし

凹凸があることで
土に水が深く早く
行き渡る

○

×

均等な掘削だと
手前で浸透し、広がりにくい

↓

③耕耘機で草の
根・粗土を刻む

※草がそのままだと
苗が植えにくい

重機

あぜ塗り

水

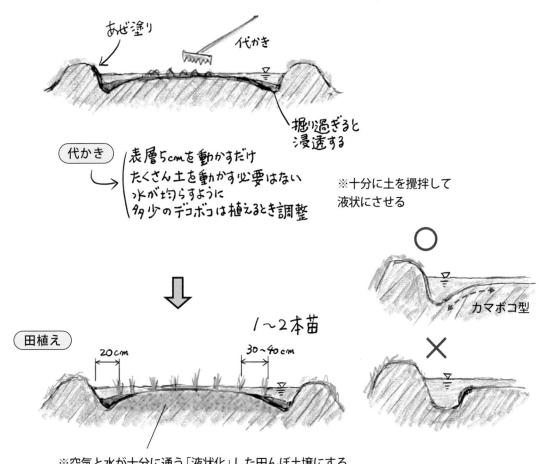

図 47. 代かき、田植え

断面図（最終）

あぜ塗り
代かき
掘り過ぎると浸透する

代かき
表層5cmを動かすだけ
たくさん土を動かす必要はない
水が均らすように
多少のデコボコは植えるとき調整

※十分に土を撹拌して液状にさせる

○
カマボコ型
×

田植え
1〜2本苗
20cm
30〜40cm

※空気と水が十分に通う「液状化」した田んぼ土壌にする

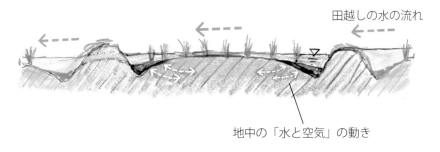

田越しの水の流れ

地中の「水と空気」の動き

水漏れしにくい液状の湿地土壌にしてやると、水の浮力が作用し湿生植物が繁茂しやすくなる

※野生のイネの生息域の条件に近い「湿地化」を目指す。
・土と土の粒子がくっつかない、水比率が高い状態の土にする
・水の対流を増やす。水は掛け流しでやさしく動いている状態がよい
・陸生の雑草が生えにくく除草作業が減ってくる
・風通し・水通しがよければグリッド条件（格子状）で植える必要はない

2-10 沢、水路、溜め池の再生

1）自然の沢

　沢の中にスムーズな水の流れと風の流れを取り戻す。石の間に枯れ葉や枝が堆積して流れが詰まっていれば、ゴミや泥を取って流れを取り戻す。また上部の空間も同じように、風の流れをふさいでいる場所があればその枝を切り、草を払う。すると沢の水音が変わり、沢沿いに一様な風が流れていくのが感じられる。

　一カ所だけ強く流れるのではなく、川面全体が均等に流れるように気を配る。流れが片側に寄っているなら妨げている石を動かす。また新たに石を置くことで流速を遅くしたり、水深を調整することができる。

　ただしやり過ぎてもいけない。停滞する水を一気に動かすと地形を削ってしまうことがある。加速度をつ

図48. 流速の落とし方

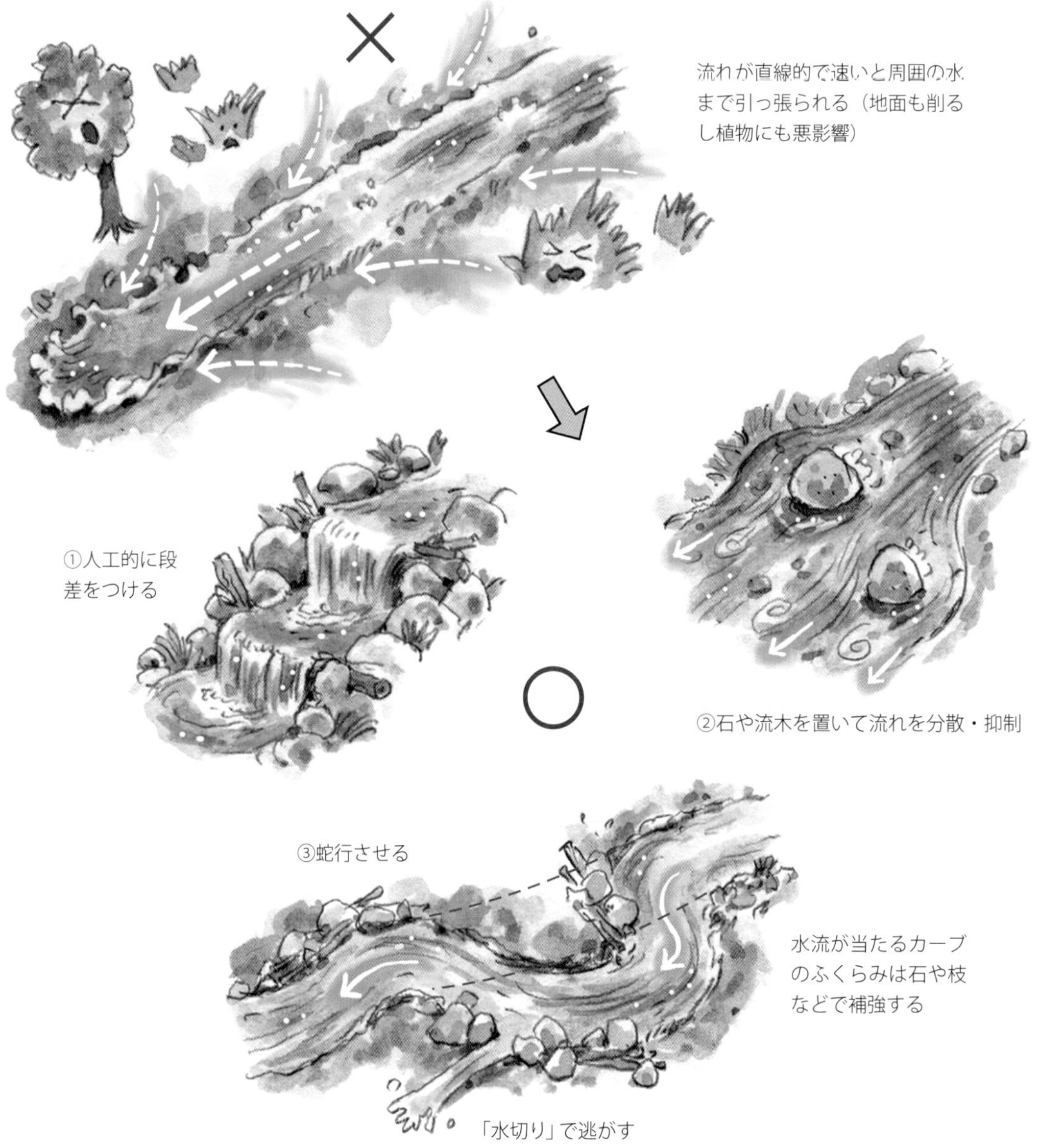

流れが直線的で速いと周囲の水まで引っ張られる（地面も削るし植物にも悪影響）

①人工的に段差をつける

②石や流木を置いて流れを分散・抑制

③蛇行させる

水流が当たるカーブのふくらみは石や枝などで補強する

「水切り」で逃がす

けず徐々に流れるように、意識的にS字蛇行させるよう水切りする。

2）人工水路（コンクリート護岸）

すでにコンクリートで固められてしまった三面張り

の水路などは、中の土砂や落ち葉をすべてさらい上げることはせず、落ち葉や腐葉土の適当な堆積を残して、クワで蛇行した筋みちをつけてやる。さらに両脇に枝葉の有機物を追加して、石で重みをかぶせて動かないように止める。つまりコンクリート水路の中に新たな

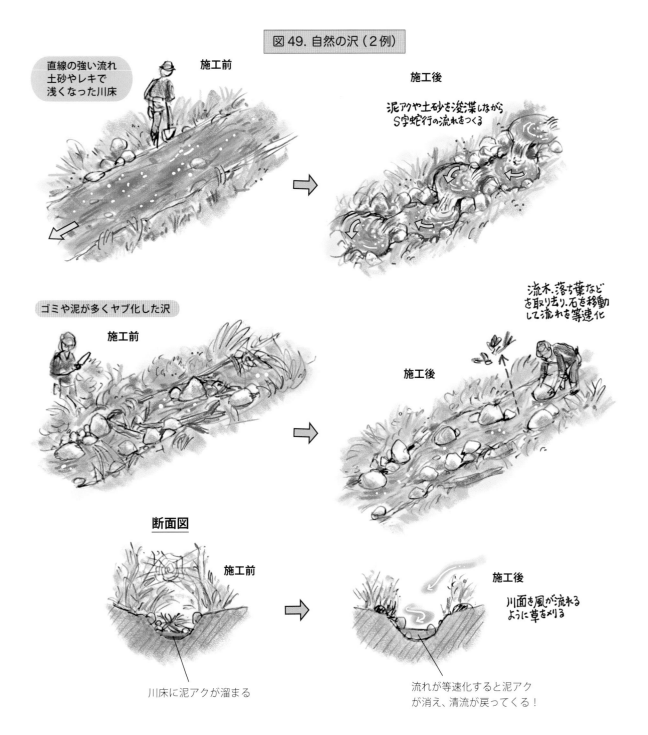

図49. 自然の沢（2例）

直線の強い流れ
土砂やレキで
浅くなった川床
施工前

施工後
泥アクや土砂を浚渫しながら
S字蛇行の流れをつくる

ゴミや泥が多くヤブ化した沢
施工前

施工後

流木、落ち葉など
を取り去り、石を移動
して流れを等速化

断面図

施工前

川床に泥アクが溜まる

施工後
川面を風が流れる
ように草を刈る

流れが等速化すると泥アク
が消え、清流が戻ってくる！

自然水路を「入れ子」のようにつくる。

水路の外側はコンクリートと地面の境界を少し掘ってやり、ところどころに点穴をつくってやる。この溝にも雨のときは水が流れるので、できるなら下流側の

どこかでコンクリートの壁の天端を欠いて水路に落ちるようにしてやるとよい。その際、「天端」に尖った部分をつくらないようにする。空気や水が滑らかに通るように、自然が年月をかけてやったような風合いに

図50. 小さなコンクリート三面張水路

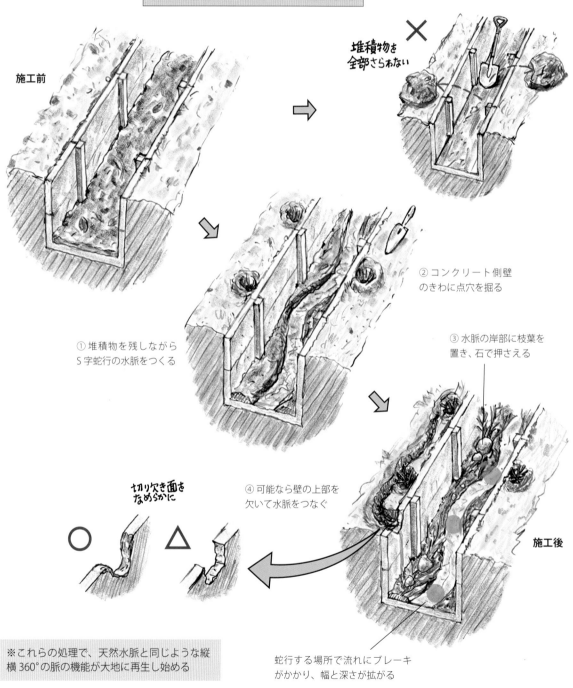

施工前

堆積物を全部さらわない ✕

① 堆積物を残しながらS字蛇行の水脈をつくる

② コンクリート側壁のきわに点穴を掘る

③ 水脈の岸部に枝葉を置き、石で押さえる

④ 可能なら壁の上部を欠いて水脈をつなぐ

切り欠き面をなめらかに

〇 △

施工後

蛇行する場所で流れにブレーキがかかり、幅と深さが拡がる

※これらの処理で、天然水脈と同じような縦横360°の脈の機能が大地に再生し始める

116

仕上げる。

　コンクリート護岸で固められた沢も同様に考える。草が繁茂している場合は風の草刈りで風みちを開け、自然の沢の掃除（図48）の要領で均等な流れを取り戻す。

水路外側のコンクリートぎわに点穴（やや大きめに）をつくるのも同じである。川底に土と植物の領域を残してやるとホタルやトンボなども棲み付き、川の浄化作用も生まれる。

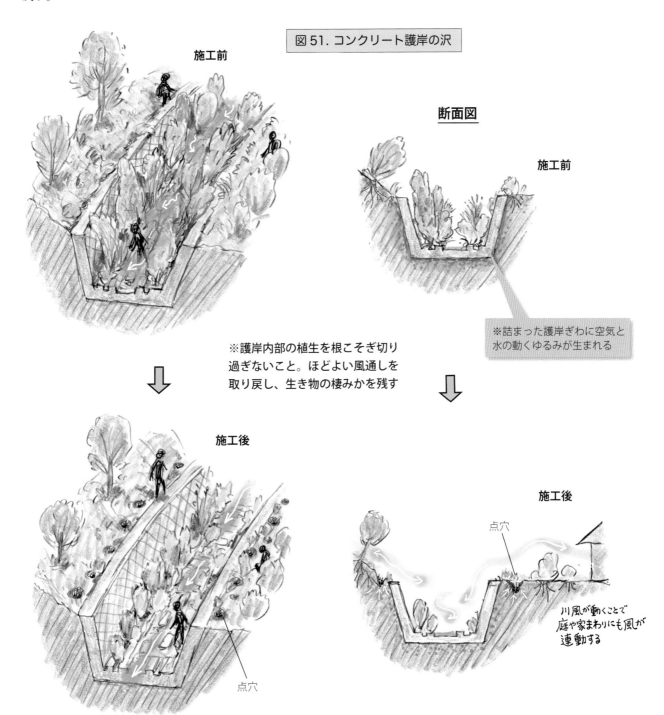

図51. コンクリート護岸の沢

施工前

断面図

施工前

※詰まった護岸ぎわに空気と水の動くゆるみが生まれる

※護岸内部の植生を根こそぎ切り過ぎないこと。ほどよい風通しを取り戻し、生き物の棲みかを残す

施工後

施工後

点穴

点穴

川風が動くことで庭や家まわりにも風が連動する

3）砂防堰堤

　流れの中に砂防堰堤がつくられると、上流の木々の枝が暴れた表情を出し始める。地下が詰まり始めた証拠である。沢沿いの木はふつう枯れるはずがないものだが、やがて有機ガスが溜まり、木が弱り、竹が枯れだして倒れてくる。いま、水源の沢の掃除がなされて

いないため、草が再生せず腐葉土が流れる山斜面が増えている。まして砂防堰堤があればなおさら弊害は大きく、長い年月をかけてじわじわと上流域にまで影響を及ぼす。

　ガスのこもる谷で樹木の根の支えが弱まれば、当然斜面は崩れやすくなる。現在、山林崩壊が多発しているのは、豪雨や山林の手入れ不足だけが問題なのでは

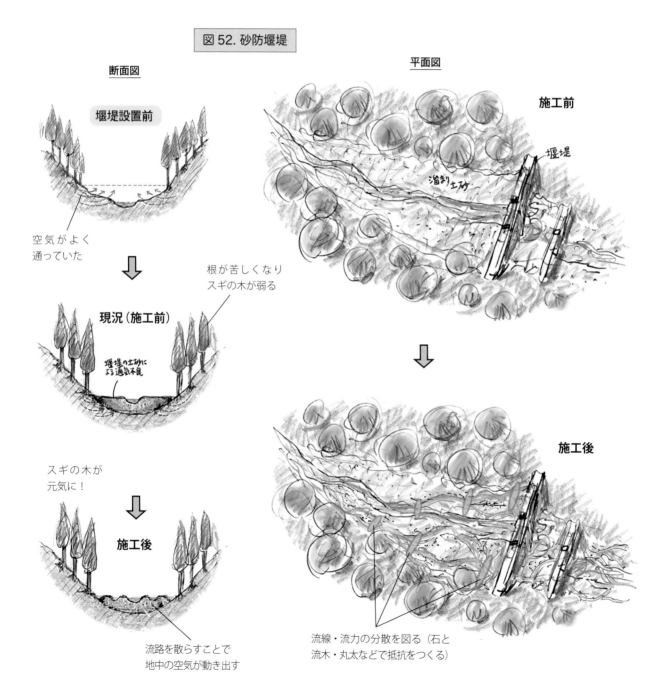

図 52. 砂防堰堤

断面図

堰堤設置前

空気がよく
通っていた

現況（施工前）

根が苦しくなり
スギの木が弱る

堰堤の土砂による通気不良

スギの木が
元気に！

施工後

流路を散らすことで
地中の空気が動き出す

平面図

施工前

堰堤

溜まり土砂

施工後

流線・流力の分散を図る（石と
流木・丸太などで抵抗をつくる）

118

ない。ダムや砂防堰堤など気・水脈を分断する構造物もその大きな原因なのである。

対策としては堰堤上流側の流路をクワなどを使って分散させる（図52）。S字蛇行させる。堰堤上流がすでに土砂で埋まって伏流している場合は、大きな点穴を何カ所かつくる。堰堤の「水通し（開口部）」の天端にV字の切れ込みを穿つ。堰堤下流もS字蛇行させ、さらに植栽する、などの処置をするとよい。

新たな砂防堰堤にはスギ・ヒノキ丸太を組み合わせ「植栽土木」的な施工で土留めを再構築するなど、気・水脈を分断しない構造物のアイデアを創出したい。

4）溜め池とビオトープ

溜め池の水が濁り、池の周囲の木々の枝が水面すれすれまで垂れ下がっているのは木が弱っている証拠で（左下写真）、地中の空気が動いて元気になれば枝は上がっていく。現在の溜め池はコンクリート補強したものが増え、堤が必要以上に大きく重くなっている。

昔の土木は、川や池の機能を損なわない無理のない土堤をつくっていた。また、入ってきた水が池全体を循環するように水の「入り」と「出」を考えてつくられていたので、土砂が溜まりにくい。地下からも地上からも対流の強いところにつくられた溜め池は、より土砂が溜まりにくい。昔の溜め池はみな水が澄んでいた。つまり、水の濁りは溜め池の健全度のバロメーター

なのだ。

対策はやはり土堤に点穴を掘ることと、流入部の掃除である。流入する小沢なども落ち葉や枝の詰まりを取り去り、地上部の風通しをよくする。

谷津田などで長らく放置された池では流入部にヘドロが堆積しているので、大きめの溝を掘って水脈を明瞭につくり直し、さらに池の流入口の手前に点穴的な小池の緩衝帯を掘るとよい。

下流の堤部は補修の必要があれば下側に杭打ち、丸太、石などで補強する。堤と山肌との接点にある越流部（洪水吐）の流路は石積みなどで再構成・補強するなど、本来の溜め池づくりの水脈土木的な観点に立ち返って見直す必要がある。

使われなくなった溜め池は、定期的な水抜き（ゆるぬき）と泥上げをしないと水生植物が枯れたものが堆積してヘドロが溜まり、やがて浅くなり湿地化してしまう。ビオトープとして保全するなら水生植物の間引きや定期的な泥上げが必要である。溜め池の泥は空気にさらせば好気性微生物が働いて非常によい田畑の肥料になる。

低湿地では水脈溝のほかに大きな穴を掘ると水が溜まって小池がつくれる。岸が崩れないように石組みや木杭に竹を編み込んだ護岸をつくり、水生植物を移植し、メダカなどを放してビオトープにするとよい。

池の濁りと樹木の弱り

重機による溜め池再生工事（岡山県高梁市 2019.12）

ビオトープに木杭と竹の護岸

2-11 ほうきとブロワーの仕上げ、物の置き方

1）ほうきとブロワー

　現場の片付け、仕上げをするとき竹ぼうきで掃く。そのときただ人が掃除をするように掃くのではなく、水が流れるように掃く。水みちの整備だということを忘れずに。

　最後はブロアーで吹いてホコリを払う。このとき同時に風の通りを確かめることができる。ブロワーはうまく使えば手仕事の3倍のスピードで仕事ができ、しかもずっとキレイになるが、片付けたすべての空間に風が行き渡っているか？　空間を最終的に仕上げる重要な仕事でもある。

　敷地への水やりも同じで、均等に水が分かれ地面に浸透していかねばならないし、ダメならそこに不具合を発見できる。

2）風通しのいい物の置き方が原点

　目通し＝風通し。風通しのよい自然環境はどんな小さな単位でも必要。サビ、ホコリ、カビなどで物は傷んでくる。風化していく。虫がつき始める。空間と中身の感覚、ここに人と環境の出発点がある。

　道具とその置き方、管理も大切。それに向き合わなければどんな現場も見えない。とくに大人数で結作業をするとき、道具、資材の配置、そして動線の確保は効率と安全のためにもきわめて重要。

　日頃の暮らしの中で手感触と空間感覚をつねに鍛えておく。それが「大地の再生」の最上の訓練になる。

図53. 物の置き方

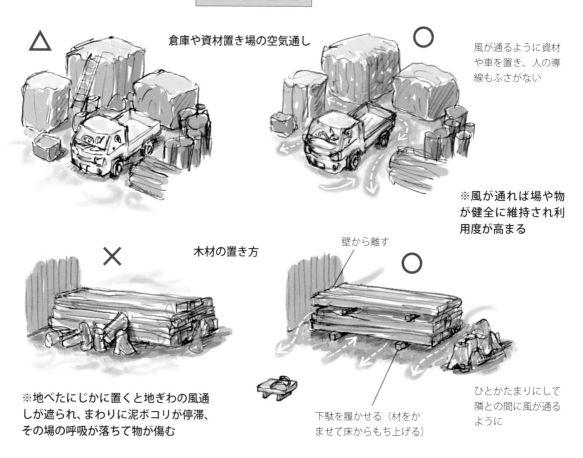

倉庫や資材置き場の空気通し

△

○

風が通るように資材や車を置き、人の導線もふさがない

※風が通れば場や物が健全に維持され利用度が高まる

木材の置き方

×

○

壁から離す

※地べたにじかに置くと地ぎわの風通しが遮られ、まわりに泥ボコリが停滞、その場の呼吸が落ちて物が傷む

下駄を履かせる（材をかませて床からもち上げる）

ひとかたまりにして隣との間に風が通るように

3章 各地の事例から

ユキモチソウ

|田畑・農道・崩壊斜面・庭

1　山梨／上野原実験農場

自然農と造園・土木の拠点

「大地の再生」の拠点は山梨県上野原市にあり、田畑、果樹園、茶畑の運営と、それに付随する農道の補修など、全国各地での講座や施工のほかに、ここでも日々「大地の再生」的自然農や造園・土木工事がくり広げられている。

ここには矢野さんが造園業時代から使われ増え続けてきた道具類や資材、これまでの施工書類などが置かれた倉庫や事務所、そして常駐スタッフと外部からの参加者を受け入れる古民家などが点在する（次ページ地図参照）。

「大地の再生」は全国に支部がいくつかあり、各地で2019年9月からライセンス取得の講座も開かれているが、ここ上野原でもその講座が何度か行なわれ、田畑や農道の補修工事だけでなく、倉庫に置かれている道具や資材の整理やメンテナンス、そして炭焼きの実践にまで及んだ。

コロナと竹酢液、炭焼きの実践

ちょうどコロナ騒動の渦中でもあり、株式会社野村隆哉研究所の知遇を得てコロナ対策に竹酢液が効果的と知り、講座の開催にあたってはこの竹酢液のスプレーを活用した。そして、講座では「炭焼き」も実践し学んだのであった。

炭は「大地の再生」の素材として欠かせないばかりでなく、そもそも気・水脈と炎の動きは通じるものがあり、たとえば点穴に差し込む枝のしがらみと、焚き火のときの枝組み・木組みは同じ機能である。

畑の再生──重機の竜巻払い

さて、全国の農業人口が減少し、とくに中山間地では放棄農地が増えているが、逆に都会の生活を脱して田舎や山暮らしを目指す人たちも増加しており、その人たちが放棄地をどのように再生するのか？　ここ上野原で行なわれているさまざまな事例は大変参考になると思うので、まずそこから紹介したい。

すでに長く放置されススキやクズなどがはびこって

上野原の実験農場で矢野さんの重機捌き(重機の竜巻払い)を見守る参加者

「重機の竜巻払い」施工後(撮影 2019.9.27)

【大地の再生 技術研究所／（合）杜の学校／農場・果樹園・宿舎　位置図】

国土地理院地図を元に改変

0　　300m

● 大地の再生 技術研究所／（合）杜の学校、事務所・倉庫
● 実験農場　　● 果樹園　　● 古民家宿舎

しまい、とても人力では手に負えそうにない畑の場合は、やはり重機を用いるのが手っ取り早く効果的である。

まず春のうちに点穴や水脈を入れておき、雑草の勢いを弱め、秋に小型重機で「重機の竜巻払い」を施しておくと、秋植えや春植えにすぐに対処できる。

「重機の竜巻払い」というのはブレーカーの先でスパゲティをぐるぐる巻きにするように、雑草をからめ取っていく方法である。初秋（9月下旬）に施した荒地では、翌春（4月）には、耕耘すればすぐにでも農作業に入れるほどに草がやさしく落ち着く。

ふつうの荒廃度の場合

重機を使うほどでもないが、クズなどがはびこっている農地は、風の動線・獣道動線を先に開けて、その周囲から草刈りを広げる。

お盆を過ぎれば草の勢いは弱いので、徹底して刈る必要はなく、草を踏みつけて背を低くしてもいい。大事なのは、風

「重機の竜巻払い」その後（撮影 2019.11.5）

や水がなぎ倒すような気圧のエネルギーを最後までかけること。腕先だけでなく腰を据えて刈る。

ひと月も過ぎれば強面（こわもて）なツル植物は収まり、牧草地のような低くやさしい草地に変化する。春にはツクシやノビル、フキの群落などが再生してくるだろう。

農地として使える状態になったらクワを使い始めるのだが、三つグワで畝溝を切るときも、ただ漫然と土を掻くのではなく、クワの先をやや傾けてツメの角（かど）で引っ掻く感じ。つねに手感触で土の硬さや状態を確かめ、強さを加減する。作業は土を耕すためにやっているのではない。くびれ地形——空気や水の流れをつくるためにやっている。重機の扱いにしても同じである。それにはいったん土木視点を捨てなければならない。

「大地の再生」流・自然農田んぼ

2章 p.112~113の田んぼ施工のイラストは実験農場の2020年秋の田植え前を活写したものだ。

耕耘機であぜまわりを耕し水を入れていき、草刈りとあぜ塗りの翌日に田植えをするという、つまり「田おこし〜代かき〜田植え」を一気にやってしまうというスピード農法である。

次の田んぼへ水を入れながら、重機で田おこしをし

ていく。一度、耕耘機をかけて雑草が生え始めた土、そこに重機のバケットでやや深い穴（耕耘機の刃よりも深く）をランダムに掘る。それで水が土に浸透しやすくなり、水比重の高い土（野生状態のイネが好む湿地状態）ができる。水が入ってなれた田んぼにレーキで代かきを行なう。

この後の田植えも皆で手植えするのだが、整然としたグリッド（格子状）で植えるのではなく、およその感覚で植える。それが自然本来のイネの姿だ。

水比率が多い湿地環境になっているとイネはそれによく順応する。ここでの田植えのようにランダムに乱れ植えされていると、除草機の田車（たぐるま）などが入りにくくなるが、湿地環境になっているとそれだけで多くの雑草は衰退するので、初期除草の手間が省けるのである。

各種の古代米などの実験苗代。水に浸けておいたタネをまいた後、くん炭、ピート、もみ殻、イナわらを撒き、その上に細かい土をかけている

小型重機で荒おこしをした後、水を入れながら耕耘機で草の根・粗土の刻み、後続隊があぜ塗り……という連続作業

正確なグリッドで植える必要はない。それが本来のイネの姿。湿地の生育環境にすれば雑草は少ない

間引き株を移植中の茶畑（2020.6）

多様性を残すことにもなる。

チャノキの枝を間引く。根元は地ぎわから細かく枝分かれしており、手で折れる枯れ枝もけっこうある。過密な人工林のように枯れ上がっているのだ。根元から、本数にして2割程度を伐って抜いていく。

風通しの最終段階として、茶畑から1/3のチャノキを抜いて下の遊休地に移植した。寒冷紗をかけ、水やりにそなえ根元の土の状態と形、グランドカバーの様子などをチェックする。

ここで穫れた茶葉で試験的に紅茶がつくられている。農薬茶は環境を汚染するだけでなく、人にも直接飲料になるだけに危険である。情報が行き渡れば無農薬茶の販路も広がり、自然農による経済も生まれてくる。

皆が一斉に作業に入り、チャノキが揺れ始めると小さな虫たちが舞い上がり、それを目当てに赤トンボの群れが上空を群舞している。こんな自然農の茶畑が全国に増えていったらどんなに愉快だろう。

チャノキの花とハナムグリ

人間は機械をもったおかげで自然が応援してくれることを忘れ、力づくでやるが、道具は本来、人間が楽をするために生まれたのではない、いい作業をするために道具が生まれ発達してきたのだ。

自然農のスタイルは周囲の畑からその存在が浮いてしまいがちだが、全体の脈につながるように、風通しができていれば見た目がよく、爽やかに感じられ、周囲の人は文句をいわないものだ。

ただし、より重要なのはあぜの草刈りである。あぜと水面のきわに風がよく通るように留意して刈っていく。

茶畑の風通し

実験農場では長年放置された茶畑を借り受け再生中である。伸びて密生していたので、チャノキは手入れを受けながらもやや背が高くなっている。将来は自然樹形に戻し、風通しのよい新しいスタイルの茶畑をつくる。

周囲と通路の草刈りに入ると、ちょうど開花時期で、花にミツバチやハナムグリが来ていた。これらは食害昆虫ではなく、むしろ受粉などに役立つ益虫だが、現在の茶畑ではこれら益虫まで殺してしまうばかりか、ミツバチの激減に影響を与えた疑いのあるネオニコチノイド系の農薬が——とくに日本では高い濃度が許されて——使われている。

イネも、お茶の栽培も、人間本位の異常な栽培方法になってしまった。本来はもっと多様な生き物と共存するゆるやかな栽培がずっと続いていたはずである。とくにお茶栽培は過密で風通しが悪い。虫食いが発生するのも当然で、だから農薬が欠かせなくなる。

チャノキにからんだツル植物はある程度残しておく。ツル植物にはそこにいる意味と機能がある。生物

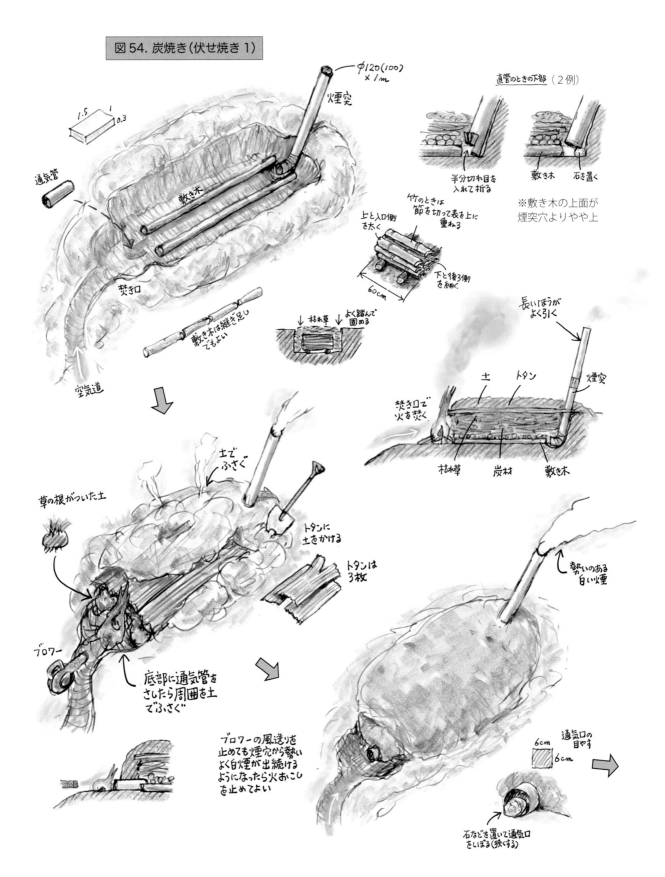

図54. 炭焼き（伏せ焼き1）

φ120(100)×1m
煙突

直管のときの下部（2例）

半分切れ目を入れて折る

敷き木　石を置く

※敷き木の上面が煙突穴よりやや上

1.5　1　0.3

通気管

敷き木

焚き口

空気道

敷き木は継ぎ足してもよい

竹のときは節を切って表を上に重ねる

上と入口側を太く

下と後3側を細く

60cm

↓枯れ草　よく踏んで固める

長いほうがよく引く

土　トタン　煙突

焚き口で火を焚く

枯れ草　炭材　敷き木

草の根がついた土

土でふさぐ

トタンに土をかける

トタンは3枚

勢いのある白い煙

ブロワー

底部に通気管をさしたら周囲を土でふさぐ

ブロワーの風送りを止めても煙穴から勢いよく白煙が出続けるようになったら火おこしを止めてよい

6cm　6cm　通気口の目やす

石などを置いて通気口をしぼる（狭くする）

126

炭焼きの実践

　「大地の再生」の素材として炭は欠かせないので、各自が自分で焼くことで炭が入手できれば申し分ない。コロナの問題も後押しして、実験農場では講座の中に炭焼きの実践も加えられている。

　炭焼きは粘土で窯をつくりその中で焼くのが本式だが、簡易的なものとして土に穴を掘って炭材を入れ、トタンをかぶせる方法もある。穴の中で焚き火をして上からトタンをかぶせ、炭材を横から加えながら熾炭

が燃え尽きぬように調整し、頃合いを見てトタンのまわりに土をかぶせて消火するのである。これに煙突を立ててより効率よくするのが「伏せ焼き」である。

　炭焼きは中に入れた炭材がすべてきれいに炭になることはなく、窯を開けてみると生焼け→炭→灰のグラデーションになり、伏せ焼きはとくに歩留まりは悪い。しかし「大地の再生」に使う炭は少々生焼けでもいいのであり、木灰や周囲の焼けた土も活性土壌として使えるので土嚢袋にとっておき、弱った木の根まわりに撒くなどするとよい。

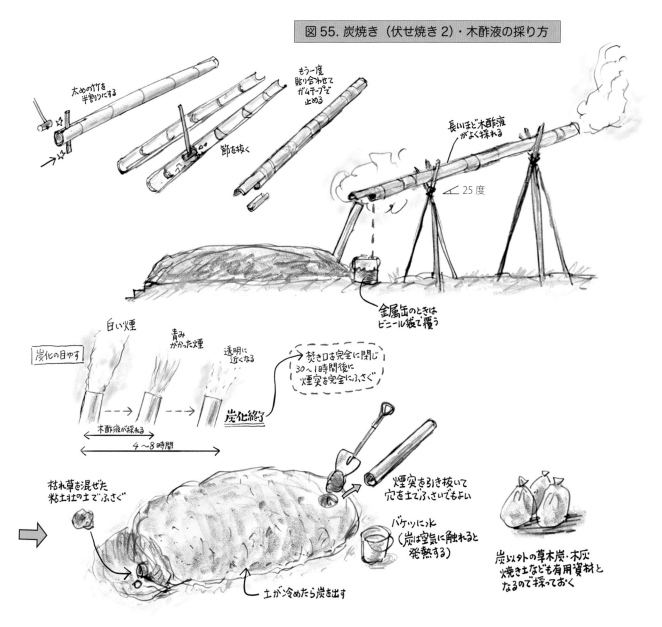

図 55. 炭焼き（伏せ焼き 2）・木酢液の採り方

2019年の台風被害

　2019年10月、過去最強クラスの台風19号が伊豆半島に上陸。西〜東日本の広い範囲に河川の氾濫や土砂災害をもたらした。矢野さんらは2018年の西日本豪雨に続き、支援活動として9月の台風15号による千葉県の災害跡（市原市）、台風19号では長野県の千曲川流域・宮城県丸森町へ災害支援を行なったが、本拠地の上野原でも農道が川の増水によってえぐられ、荒れてしまった。

　昨今の台風被害に関しては「過去に経験のない大雨」というような表現で、異常気象が原因として取り上げられる。しかし「大地の再生」視点から見れば、気・水脈の詰まりこそが大きな原因であり、何より流域全体の浸透機能が弱くなっているのだ。

　そして、被災地ではゴミの処理と土砂の移動が最優先される。本来開かねばならない水脈を無視し、流れてきた土砂をかつての農地に山積みしたりしている。しかし崩壊の場所は長年詰まっていた場所が開かれ、空気が通り始めて石や流木が適度に配置され、安定地形に変わっているのだから、本来なら過度に手を入れる必要はないのだ。しかし被災地ではこの土砂の移動

に多大な予算と労力を費やし、自然による安定地形の彫刻を壊したうえで、やがて図面通りのコンクリート土木工事で上塗りされてしまう。

　それらの実情を踏まえたうえで、上野原の農道補修はライセンス講座として行なわれ、いい学習の機会となった。

木々に守られた農道

　中央線も中央高速も不通になった19年の台風で、実験農場の田んぼに向かう鶴川沿いの農道が荒れた。道ぎわの木々に、流されてきた植物が引っかかっている。その様相から1m以上増水した感じが見て取れる。樹種の多くはオニグルミだった。そのほかにクワやニセアカシアもあった。しかし、これらの木の根が道を支えてくれたおかげで、かろうじて農道が残されたといえる。

　元々この農道は山側の水路や田んぼから漏れた水がつねに入り込んで、わだちが川のように水浸しとなっていた。それを矢野さんらが無償で手入れしてきた。農道の奥は行き止まりになっており、ここは雨になるとドロドロになるヨシ原だった。それが水脈を入れることで水はけがよくなり、ところどころに自生していたヤナギは田んぼ側に移しかえられた。

　当初はこれらの木々もひどくいじけた表情で弱々しかったそうだ。水脈整備やこつこつと水切りをしたおかげで木々が生長し、19年の台風では、それらが恩返しするかのように、農道を守ってくれたのだ。木々の根は道の浸透能力を高めながら、強固な根張りで法面を守る。

補修のプロセス

　この農道にはすでに縦断・横断水脈のコル

2019.10.15

なぎ倒された木の根が農道の岸辺を守ってくれた

128

2019.10.16

2020.5.15

ゲート管が入っており、補修はその古い管を取り外して水脈を掘り直すところから始められた。

　手順としては、新たに配管し、ポイントごとに横断管を入れ、道に平行な水脈を掘り直す。配管を入れない凹部は枝葉などを入れ、土をかぶせて粗腐葉土や炭を撒く。重機で転圧をかけ、最後に三つグワで整地する。いまだ水流のある部分は、有機物の挿入で軟らかく締めていく。横断して川へ排水する場合、縦断管のレベルの取り方が難しい。深く掘り過ぎると川への排水が弱くなり、浅いと山側の水が抜けない。「大地の再生」的「道補修」の一連の手法を学ぶのに格好のステージだった。

　一方で、台風が運んできた砂地に倒れた木を見るに、人的被害をもたらす台風は決して「悪」だけではない。純度の高い大量の砂、養分に満ちた泥、そして流木や枯れ枝のかたまりを大量に運んでくれる。昔の人にとっては、これらは天の恵みであったろう。

　台風がおこした動きを被害と考えず、それに足並みを揃えて新たな場を創造していくという考え方。まずは最低限、車が通れればいいという仮復旧だが、農道はより地域と関わる公益性の高いものだ。地域の人たちとともに、その農道を軸にした里山再生ができるとよい。各地で行なわれる「大地の再生講座」はそんな役割も担っている。

農道のメンテナンス

　それからおよそ1年後の2020年7月、われわれはまたこの農道に来ている。前日の雨はかなりのものだったらしく鶴川は増水して茶色く濁り、農道のわだちに水溜まりができ荒れていた（右写真）。それだけではない。上流側の田んぼから漏れた水が農道に流れ込んでいる。いわゆるザル田（漏水水田）というやつ

だ。5月頃から田植えの準備で水路に水が動き始めると、この農道は漏れ水の被害を受ける。そのために横断するコルゲート管を何本も入れ、水切りで水溜まりの水を逃してきたのだが、それにはふだんのメンテナンスも欠かせない。それが足りていないようだった。

a. 出口の草刈り

　水切りだけでなく、水脈の出口の草刈りがなされていないことを矢野さんが指摘する。実はこの水脈の出口ラインの草刈りが非常に重要なのだ。出口ラインの空気流が、晴れているときでも流れていることが、水脈の動きと乾きを促進させる。だから日常の5分10分の作業を怠らずに、気が付いたときに水切りや草刈りを施しておくことが大切なのだ、と。

b. 水切りの極意

　水切りは、小さな蛇行曲線をその場に応じてつくっていく。小さな移植ゴテだからこそ、オリジナルなラインがわかる。日常的に、大気圧がすでに地面をゆるめている。移植ゴテで掘り進むうちに、どこが流れの道筋になるかを教えてくれる。「この対話を繰り返さ

2020.7.1
緑が回復しオニグルミが実をつけた。が、また強い雨が……

出口の草刈り

資材用の枝切り

資材の入れ方

ないと、大地に空気が動くということがわからない」。頭で考えるより感覚のほうがはるかに鋭い。

c. 資材用の枝切り

農道にあるクルミの木は大きく張り出した枝を中心に切るが、自分たちの都合のいいところだけ切っていると、重心や風通しが寄れてくる。ほどよく抜いて、切り戻す。有機資材の調達とはいえ、全体にバランスのいい剪定を目指す。「作業は、人と植物、両方にとってよい関係にならねばならない」。

d. 資材の入れ方

大きなぬかるみや水溜まりには有機資材（現地のクルミの枝葉を切ったもの）を置いていく。まず、かたまりのまま置いていき、小枝をバラすのは後からでいい。枝から切って地形に合わせて切った枝を置いて、足で圧をかけてなじませる。足の裏の感覚で地形になじんでいるかどうかがわかる。そうして、地面から飛び出しているところを切り、仕上げる。

e. コルゲート管の補修

泥で詰まったコルゲート管は篠竹を差し込んで抜いていく。また上から叩いてやるとよい。泥が抜けたコルゲート管はそのまま使用する。ただしコルゲート管の上の泥を掻いて、まわりの枝や炭が見えるように開いていく。よほど詰まったところは新たにコルゲート管を打ち直す。その上に有機資材を置いて埋め戻す。

場所によっては植栽を移動して補強する。ここではセキショウを用いている。

農道は借りた田んぼに行き来するために自主的に手入れを始めたものだが、日常利用している地元民もいるし、6月のアユ解禁からは釣り客も入ってくる。最終的に有機アスファルト舗装で仕上げれば、全国から見学者が訪れるような、ますます重要な場所になっていくだろう。

農道の未来

翌朝ふたたび農道へ。入り口付近はまだぬかるみが残っていた。皆の車は先に進んでいたが、このぬかるみを放置したまま、何台もの車がここを往復すればわだちはさらに深くなり、転圧もかかって、縦浸透する大地への再生は難しくなる。「ここのぬかるみを見逃して先に進んでしまうようではライセンスの上級はあげれないよ」。矢野さんは皆にピシャリといった。

わだちの復旧作業に入る。わだちが深くなると、また排水場所とのレベル差があると、水切りが不可能な場所が出てくる。そこは手箕をあてがい、移植ゴテで掻き出すように水をさらい出していく。きれいに残らず取る必要はない。そのあとで枝葉などの有機物を入れていく。そして炭・チップのグランドカバー。

砂利を積んだトラックが到着。荷台を開け、バックしながら人力で手分けしてスコップで振りまくように

2020.7.2、再生された鶴川の農道で

130

2020.7.2

撒いていく。砂利が撒かれた後に有機物の枝葉が飛び出していればそれを切っていく。

昨日のぬかるみの道とは思えない仕上がりになっていた。それもただ砂利を撒いただけではない、水脈処理をして有機物が仕込まれている。最後にグランドカバーが撒かれると砂利道とも何ともつかない、不思議な光景となった。

これまで講座の運営をしていた「一般社団法人 大地の再生 結の杜づくり」はこの年（2020年）6月をもって組織を解散する。前日まで北鎌倉の東慶寺で片付けから流れてきたスタッフや、明日からの参加者で、前夜の古民家は盛り上がっていたらしい。この農道補修の納まりはひとつの節目になる記念すべき講座となった。

北鎌倉
「東慶寺」
2020.6.29~

ハンドオーガーによる点穴

エアスコップによる施工

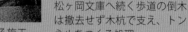

松ヶ岡文庫へ続く歩道の倒木は撤去せず木杭で支え、トンネルをつくる処理

池の水が澄み始めた

縁石のきわを掘る（p.86に図）

2021.8.30

海からの湿った空気を貯めやすい谷戸地形、結露水分を蓄える凝灰質砂岩、鎌倉の寺院はその特質を生かした庭や植栽を発展させてきた。しかし現代のコンクリート土木の弊害が顕著に出始めている。その中でいち早く「大地の再生」を取り入れたのが北鎌倉の「東慶寺」だった。元々豊かな植生を内蔵しており、その回復は驚くほど早く、現在もメンテナンスが続けられている。「大地の再生」の効果を見るに格好の地である。

東慶寺（tokeiji.com）
神奈川県鎌倉市山ノ内1367（JR横須賀線 北鎌倉駅 徒歩4分）
Tel. 0467-22-1663

北海道厚真町地震災害 …………原因は地質や雨だけではない／地震崩壊後の現地調査から

2018年9月6日、北海道胆振地方を震央として最大震度7の地震がおきた。「北海道胆振東部地震」と名付けられたこの地震では、厚真町を中心に広い範囲で土砂崩れがおき、その面積の合計は推定で13.4㎢と、明治以降では日本最大規模という驚くべきものであった。

原因は火山灰や軽石などの不安定な地層構造にあり、さらに前日の台風や6〜8月の長雨による土壌水分が表層崩壊を加速させたともいわれている。

しかし本当にそれだけなのか？ 近年、東北や北海道の木々が弱っている。その証拠にどこに行ってもきれいな紅葉が見られなくなった。紅葉の条件として「日中の天気」「昼と夜の寒暖差」「充分な水分」など挙げられるが、気・水脈の滞りで木が弱っていても紅葉の色づきが悪く、くすんでくる。きちんと呼吸をしていると鮮明な色になるのだ。

北海道は平坦地・丘陵地が多く、もともと気・水脈が淀みやすい地形をしている。そこに、**本州よりも大型かつ直線的な構造物を使った道路網（除雪のため全体幅が広い）・農地開発・河川改修が大規模に行なわれた**。今回の地震で崩壊した厚真町の下流域には、全道でもっとも古くかつ広大な苫小牧周辺の開発地区と港湾もある。

地震崩壊後の9月22〜23日、矢野氏はスタッフとともに安平町・厚真町に現地調査に入った。それでわかったことは、単なる地質由来の崩壊だけではなく、大地の詰まりで植物の根の下にヘドロが溜まるような状態になっていたということである。

火山性土の下の粘土層がグライ化しており、倒壊した樹木の根は浅く、衰弱していた。ダムによって気・水脈が分断されただけでなく、下流域では本州よりも過剰なコンクリート土木構造物が多数つくられている。厚真川河口近くの海岸には泥アクが深く堆積していた。地形のゆるさはまた、詰まりによる地中飽和水の上昇を後押しする。

2018年の6〜7月の西日本豪雨災害では「西日本豪雨被災地 大地の再生プロジェクト」としてさまざまな現場を見て回ったが、広島のある場所では比較的なだらかで顕著な沢筋がなく、しかも密集したスギ・ヒノキの人工林地帯ではなく、広葉樹の雑木林が人工林と同じかそれ以上に崩れていた。そこには確かに気・水脈を遮断する大きな構造物があった。広葉樹の根さえ支持力が奪われるほど地中の空気と水の循環機能が損なわれているのだ。

が、もう一つの原因が浮かんでくる。**大雨が降ると遮断された水脈の地中の飽和水は上流へ上流へと（土中の停滞に伴って）遡っていき、それが木の根の層を押し上げ、崩壊のきっかけをつくる**。ゆるい斜面はいっそう飽和水が上へと遡りやすいために、このような多数の崩壊が生じたと思われる。まさにこの北海道の例もそうである。

九州ではダム湖の影響が顕著だった。深い谷がダムでふさがれたとき、空気は抜けにくくなり地下水が停滞する。そこに大雨が降れば地中の飽和水は沢伝いに斜面を登っていき、地面をゆるめて崩壊を加速させる。

さらにその崩壊によって滑り落ち濁流に流されたスギの丸太は、橋の上流側に積み重なり、水流をふさいで一時的なミニダムをつくる。それが氾濫の原因になるだけでなく、ここで水位が上がると地中の飽和水はさらに斜面を登っていく。こうして崩壊の連鎖がおきる。しかも驚くことにこれらのふさぎは上流域数kmにも渡って広範囲に拡大していく。

無言の現場はわれわれに災害のたびにおびただしい量の情報を投げかけている。

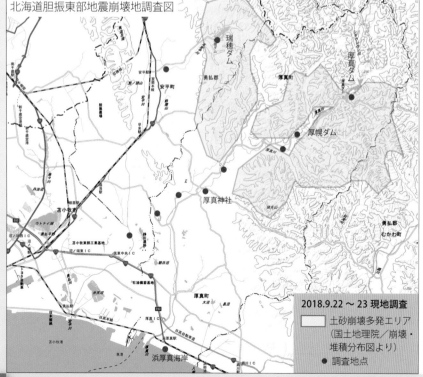

北海道胆振東部地震崩壊地調査図

瑞穂ダム

安平町

厚真町

厚真ダム

厚幌ダム

厚真神社

苫小牧市

2018.9.22〜23 現地調査
□ 土砂崩壊多発エリア（国土地理院／崩壊・堆積分布図より）
● 調査地点

浜厚真海岸

国土地理院地図を元に作画

写真上：根が衰
弱したシラカバ

写真右：火山性
土の下の粘土層
がグライ化

厚幌ダム付近の崩壊箇所（2018.9.23）

厚真川河口近くの浜厚真
海岸には泥アクが堆積

春の雪解け増水を見越してか、厚真川には
強固なコンクリート護岸が続く

厚真川（手前）と崩壊地。山からの水脈が民家、県道、用水路
などに遮断されている

厚真町崩壊地の森林・地質状況

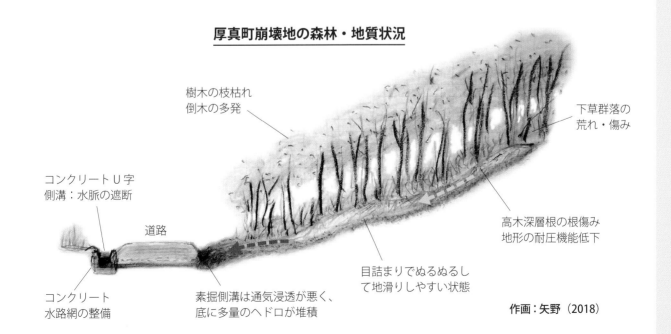

樹木の枝枯れ
倒木の多発

下草群落の
荒れ・傷み

コンクリートU字
側溝：水脈の遮断

道路

高木深層根の根傷み
地形の耐圧機能低下

コンクリート
水路網の整備

素掘側溝は通気浸透が悪く、
底に多量のヘドロが堆積

目詰まりでぬるぬるし
て地滑りしやすい状態

作画：矢野（2018）

2 京都府南山城村／リンダ邸

土砂崩壊・災害復旧の新しいやり方

現場は京都府南山城村にある住宅地内。その駐車場敷地が、豪雨の後、夜中に車ごと崩落した。その土砂は下の道路をふさぎ、沢に達するほどであった。現況はそれを撤去して仮復旧の鋼矢板が打たれている。

このまま一般の土木工事に流れるなら、「コンクリート法枠工」を施して鋼矢板を撤去することになる（施主が斜面工事を終えたら役所のほうで撤去する取り決め）。しかし、それではいよいよ大地の呼吸にとどめを刺すことになる。現在は崩れたことで空気通しは回復し、安定勾配を保っているのだから、いまの地形を生かして水と空気を通すかたちで斜面を補強すればよい。それには木杭と丸太と石（ここでは工事で出たコンクリートガラ）による土留め、そして「植栽土木」を駆使して崩壊斜面に道をつくることだ。

工事は敷地内のリンダ邸を宿泊地に、2021.2.27〜3.1の3日間、お隣のMさんの敷地も含め「大地の再生講座」として行なわれた。これはコンクリートを主要素材とする現代土木に替わる、災害復旧の新しい実例といえよう。

まずは草刈り、斜面変換点の空気抜き

施工は崩壊場所だけに集中するのではなく、建物まわり、その上の畑、下部の府道との接点部分などにも手を入れる。敷地全体の空気と水の脈つなぎが重要である（理想的には道路を挟んだ薬師川まで手をかけたい）。そうして脈がつながれば自然が応援してくれる。

これ以上の崩壊を呼び寄せないためにも、建物の道路側斜面の木の根が大切なので、樹勢を回復させるために小型重機で「斜面変換点」を掘る。そして「風の草刈り」作業。崩壊斜面は3年以上放置されて植生が回復している。草刈りは春夏だけの作業ではなく冬の整えも重要（春の伸びに冬の形状が影響を与える）。

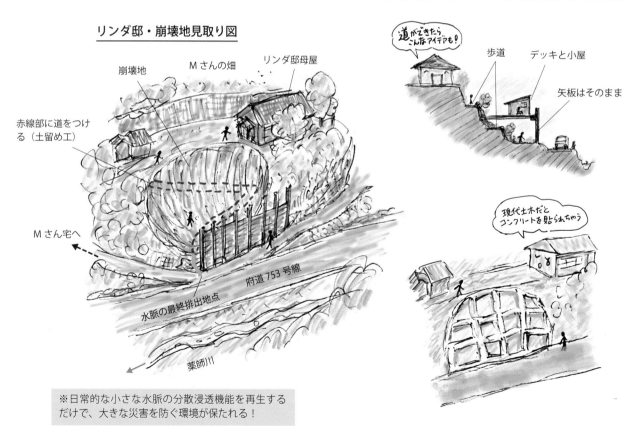

リンダ邸・崩壊地見取り図

崩壊地　Mさんの畑　リンダ邸母屋

赤線部に道をつける（土留め工）

Mさん宅へ

府道753号線

水脈の最終排出地点

薬師川

※日常的な小さな水脈の分散浸透機能を再生するだけで、大きな災害を防ぐ環境が保たれる！

道ができたらこんなアイデアも！

歩道　デッキと小屋

矢板はそのまま

現代土木だとコンクリートを貼られちゃう

建物裏はコンクリート擁壁とU字溝で地面の呼吸がふさがれている。そこをブレーカーで点穴・溝を開けていく。それに続く石積みは練り積み（モルタルで石材同士を接着している）なので空気通しがほとんどない（水抜きはつくってあるが、詰まっている場合が多い）。下部の斜面変換点を抜くことで上畑に水が浸透しやすくもなる。このコンクリートガラの多くは翌日に予定の道づくりに使われることになるのでムダが出ない。

「風の剪定」と石垣との関係

裏側のお社まわりの木々に「風の剪定」を施す。長年放置されて相当詰まっているので木のボリュームの約半分の枝を抜いた（自然樹形に倣った「抜きの剪定」）。

明るく風通しのよくなったお社前は見ていても気持ちがいい。適度に切られ、風が抜けることで、樹木は細根を出す。地面に空気が通り、湿潤さも保たれ、斜面も安定する。

一方、放置され鬱閉してヤブ化すると、樹木は苦しくて強根を伸ばし、地面は乾燥する。すると斜面が不安定になる。ときとして岩盤や石垣を壊してしまうこともある。うまく管理して樹木を味方につけることが、傾斜のある山村の暮らしではとても重要である。

石垣の目地を突つき、点穴をつくる

この後、下の石垣の天端辺りに移植ゴテで空気抜きを入れた。詰まった石垣はこうして目地を突いてやるとよい。

お隣のMさんの敷地の下部の道路ぎわには、落ち葉と泥が堆積し、嫌気的（酸素の少ない状態）になっている。有機ガスが発生して上部の植物を弱めている。ここに点穴を連続して入れ、枝と炭を入れておく。下がコンクリートやアスファルトでもこれだけでガスが抜ける。

＋＋＋

リンダ邸施工の2日目、Mさんの古民家前で今日

講座初日、リンダ邸母屋と崩壊地上で説明を聞く参加者

道路側にそびえ立つ鋼矢板。建物下の「斜面変換点」を掘る

道づくりを始める前に、崩壊斜面の「風の草刈り」

Mさんの敷地の下部、道路ぎわに点穴を掘る（深さ・高さ10〜20cmのものを1mピッチで）

の予定を確認。前日の見回りと草刈りなどで地形や水脈の全体像はわかった。あとはどこに水脈をレイアウトして薬師川に落とし込むか？

脈が全体につながることに留意する。すでに崩壊斜面にはいく筋かの水脈ができているが、屋根排水が集中する場所、U字溝の勾配に無理がある場所も見受けられ、そこからの排水溝をうまく斜面につなげる必要がある。

道をつくる──1. 杭の打ち方

矢野チームは土留め兼用となる道づくりを開始。コンクリート歩道の崩壊点から道の取り付きをつくる。急傾斜にヒノキの丸太と焼き杭で土留め柵をつくりながら、小型重機で降り進めていく。結果的には「くの字」に折れ曲がる遊歩道をつくっていくことになる。

杭が打ち込まれた下にはカエデやカキの木が生えており、強固な根が斜面を守っている。道の下り始めの選択は、この木々たちの支持力も見越してのことだ。

杭の打ち方はランダムで、整然と（直線に）並ぶような形はとらない。直線や直角は雨風がつくり上げた造形と噛み合わず、いずれ不具合を生む。

先に杭を打つのではなく、自然地形の中に最初に丸太を噛ませて、それから杭を打つ。杭打ちは「土と一体化すること」「自然の木の根と杭をなじませること」が重要。それは手加減や足で測るとわかる。杭をときどき揺すってみる（小さくなじませるような揺すり

方）。杭頭が割れるほど叩き過ぎてもいけない。大地の中に最低限のゆるみも必要。

道をつくる──2. 素材の重ね順

番線しばりで杭と丸太を緊結し、形が決まったらまず炭。道の上の石を大きなものから落として配置していく。次いで割り竹、粗枝、と重ねていく。

さらに一度コンクリート歩道（既存のものが一部崩落して残った部分）の重機に戻って、ブレーカーで道の天端を割り落とす。その破片はどんどん下に転がっていくが、大小の破片が風の原理によってそれぞれ収まるべきところに収まっていく。もちろん後から修正は加えるが、石垣積みのように丁寧には組み込まない。つまり丸太で土留め柵をつくり、そこに炭→大石→竹→粗枝→コンクリートガラ……という重ね順で盛り土をするイメージである。

3本目の土留め丸太が据えられる。緊結はダブルにした番線をハチマキにするだけだが、最短距離で結ぶ。また、どちら方向から番線を回すか？　は重要である。丸太が重機の運行によってズレるのを受け止める方向にしなければならない。

さらにその上にも1本。既存のコンクリート道から作業道（遊歩道）へとつなぐ重要な丸太が据えられる。

木の根がひそんでいる地面に打つので、杭の入る場所はおのずと決まってくる。道との間にアキができればそこにコンクリートガラを詰めてすき間をふさぐ。

道づくり（素材の重ね順）

丸太を噛ませてから杭を打つ。杭の位置はランダムに、木の根に絡むように

番線しばりで杭と丸太を緊結し、形が決まったらまず炭

次に道の上の石を大きなものから落として配置

もちろんガラが落ちないように、下からも積む。

こうして重機が崩壊斜面に進入する道の取り付きができた。ここで休憩と解説が入り、矢野さんは下に移動して鋼矢板の上部を掘り始めた。

崖崩れ上部に水脈を配備する

さて、その間に他の参加者は何をしていたのかというと、スタッフの指導のもと、崖崩れ上部の平地に水脈を入れていたのだった。

全部で3本の水脈が切られ、中に炭・コルゲート管・有機資材（竹・枝葉など）が配置される。屋根や上部の農地の雨水がこれらの水脈溝に集まって、崩壊斜面へと排水される。重要なのは斜面に落ちる手前で大きめの点穴を配備しておくことだ。

一気に全部放出させると崖の天端の土を削って泥水を出してしまう。いったん手前で点穴をつくっておくと縦方向に浸透し、泥濾しのクッションにもなる。

コルゲート管は素掘りの溝に炭を撒いてから配管し、その上に竹や枝を載せて、両脇を埋め戻していく。この水脈溝は雨のないときも空気の通り道として機能し、敷地内の地中の空気通しに貢献する。

点穴には縦に短いコルゲート管を立てて置くので位置がわかる。

崩壊斜面下部の処理

さて、下部の鋼矢板側に戻ろう。重機によって矢板

と平行するように深めの水脈溝が穿たれ、そこをスコップと三つグワによって掘り進んでいく。

重機のあとケンスコで掘ると土が湿って地下水が滲み出てくる場所があるが、土の状態は良好で、グライ化していない。おそらく地中の岩盤層にも自然の水脈が通っており、薬師川に通じているのだろう。

矢野さんはその溝に大量の炭と割り竹を入れてかさ上げしてからコルゲート管を配置した。こうしないと水が停滞して矢板の下流側から抜けなくなる（p.134見取り図参照）。

最下流の最終排出地点の手前には大きな点穴が2つ。コルゲート管だけで受けきれない大雨のとき、ここで水が回転しながら出ていく。次の穴では回り方が逆回転になるように、水脈溝とコルゲート管を点穴の円の隅に寄せて配備するのがポイント。

道をつくる——3. ルートは現場で決める

水脈の「入り」と「出」が明確に見えたところで、ふたたび道づくりに戻る。またヒノキ丸太が延長されて杭が打たれる。やや複雑な連続丸太。道のラインから外れた位置にも土留めと補強のためにつくる。

また枝葉がのせられ上部の建物まわりで出たコンクリートの、はつりガラがリレーで降ろされ、道に撒かれる。重機を下ろしていくうちに道が締まっていく。

ここでいったん下に降りて下部の土留め丸太を決める。ルートや作業の順序は斜面に聞きながら臨機応変

石の上に割り竹を置いていく

その上に粗枝（葉つきの剪定枝）を敷く

ブレーカーで道の天端を割り落とし、そのコンクリートガラですき間を詰める

に対応する。だから前もって図面に描くこともできないし、材料や人工の見積もりも難しいといえる。

この木組みの構成はランダムでありながら、構造美にあふれている。風と水の動きに倣い、また地面と対話することで自然に形が決まる。結果的にそれがデザインになっている。加えて崩壊地形の安定感を尊重するために「切土」が非常に少ない。

+++

上部の水脈確認とグランドカバー

3日目、最終日。朝、前日の水脈溝の仕上がりを確認する。建物裏の擁壁に厚く打たれたコンクリートとU字溝を剥がして地面を露出させ、その上に炭・割り竹・枝が入れられた。雨のときはここが排水溝にもなるが、長年無酸素状態だった斜面のガスを抜き、上部の丘（Mさんの畑）とつながった効果も大きい。この中にはコルゲート管は入っていない。コルゲート管は水量が集まるところ、しっかり排水を促したいラインに入れるイメージだ。

ここを流れてきた雨水は建物の角で左手にある石垣から流れてきた水脈と合流（合流点には点穴）。さらに建物の前を水脈溝が通り、その水脈を踏まれないようにスノコが敷かれてある。崖の天端からも水が落ちるように誘導した（ここは前日グラインダーで削って開いた）。この出口が明快になっていないと、建物の角で水が行き場を失ない、土が膿んでしまう。水脈の「入り」と「出」の確認はとても大事なポイントだ。

皆で上部の最終仕上げ、木質チップや炭のグランドカバーを地面に撒いていく。周囲の大地が目詰まりし

てくると草が生えにくくなり、雨のとき泥が流れる。この工事でそれは回復してくるが、草が生えるまでの間、このグランドカバーをしておくと泥が流れず、早く植生が戻る。

重機で道をつくる意味

矢野チームは道づくりの核心、崩壊斜面の中間地点で「くの字」に折れて方向転換する場所に入る。ポイントごとに重機から降りてスタッフや参加者に手順を指導し、土留め丸太や杭のポイントを決める。

重機がターンし、土留め丸太が伸ばされ、あらかじめ下部につくっておいた土留めと合流する。

道はただ動きやすくなめらかにつくればいいというわけではない。排水がうまく分散浸透するような形も必要だし、木を植える余白もつくっておかねばならない。何といっても地面に聞くことでおのずとラインは決まってくる。

きわどいターンに成功してなんとか下まで降りる道筋が見えた。この道は林業の作業道とは違い、いったん重機で切ってしまえばあとは遊歩道になるだけだ。しかし、重量のあるバックホーで動きながら土留め柵をつくったことに意味がある。それによって斜面の

木組みを追加しながら重機を下ろしていく

安定化が図られるからだ（斜面の土の状況も理解できる）。

地形溝（雨裂）の処理

雨水の侵食によってできた溝地形（雨裂）はそのままにせず、割り竹や粗枝で組みながら空間を埋めていく。素材をまとめて投げ込んでから、出っ張りをチェーンソーで切るのは水脈溝と同じ。太いものを骨格にしがらみをつくる。ずり落ちを防ぐために割り竹でつくった小さな杭を、要所要所に打っていく。

地形溝は割り竹や粗枝を竹杭で止める

その最上部（崖の天端）にはやや太めの杭が打たれ、そこにこぶし大の石やコンクリートが据えられる。ここに落ち葉や泥が溜まれば植生が戻りやすい。このような棚のきっかけをつくっておくと、風で運ばれたマツなどのタネが発芽して定着することもある。

「植栽土木」による強化

植栽が始まった。斜面中央にシンボルツリー的にサルスベリとボケが、土留め丸太の間、前後にアセビ、サザンカ、ナンテン、ツツジ、ニシキギなどが、要所に入る。道に植栽が入ることで印象がガラリと変わるが、その根は斜面を守る重要な役割を担う。

空気通しが確保されていると皮つき丸太でもそう簡単には腐らず、腐る頃には回復した植生や、植樹された木々の根が補完するように伸びていき、コンクリート以上の安定性を保つようになる。

使われた有機資材は今の里山には無尽蔵にあるものばかりで、コンクリートのガラもゴミとして出すのではなく、資材として有効活用することも優れている。土留め柵は水はけが抜群によいので雨水が道を削ることもないし、こぼれた土はむしろ道を固めていく。荒

削りに骨格をしっかりつくっておき、あとは自然の雨風が完成させる……のがベストである。

ところで、工事の途中で斜面下部にかなりグライ化した土が出た。Mさんによればに昔の井戸の跡だそうで、やはり地下水脈がある場所だったのだ。井戸を使うことは大地に空気通しするうえで重要かつ有効な手立てなのだが、それを埋めてしまった。それも崩壊の原因の一つだったかもしれない。

リンダ邸その後

工事から約1年半が過ぎた現在、斜面は旺盛な草に覆われて、道が確認しづらいほどである。施主のリンダさんは、この地の母屋「リンダのお家」でさまざまなイベントや展示会などを企画・実施しているので、その際に再生斜面を見学してみてはいかがだろう。

2021.3.24

2022.8.10

Facebook リンダのお家南山城村
Instagram linda_house_minamiyamashiro

3 Gomyo倶楽部／大内邸

香川県でもっとも豊かな自然が残る五名（ごみょう）

　私が東かがわ市五名地区の棚田と溜め池に通い始めたのは、2014年早春のこと。農業高校の先生からその里山で伐採したヒノキの処置や使い方のアイデアを教えてほしいと突然メールが来て、行ってみると台風被害の処理で大きな堰堤とコンクリート護岸の工事をやっている最中だった。

　そこはもち主から同校OBであるHさんらが引き継ぎ、長きに渡って無農薬田んぼと溜め池（写真p.32）を守ってきた場所で、溜め池王国の香川でさえ、滅多に見られなくなった大型水生昆虫がいるのだった。

　2つの沢に大型堰堤がつくられてしまったのは残念だが、水生昆虫もさることながら私は沢の奥に自生するユキモチソウに魅せられた。しかし倒れて流された枯れ竹でふさがれるほど沢筋は荒廃していた。

　そこで皆で竹林整備をすることにし、五名地区にちなんで会を「Gomyo倶楽部」と名付け、現在まで月に2回の定例活動を行なっている。

「風の草刈り」と「沢そうじ」

　屋久島の講座に影響を受け、Gomyo倶楽部や私のアトリエ敷地でもこの手法をぜひ取り入れてみたいと実践し始めた。

　メンバーだけでなく田舎の人たちにとって草は「敵」で、地ぎわからの徹底除草が当たり前。この手法をい

風のトイレ

Gomyo倶楽部の棚田。風のトイレ周辺を「風の草刈り」で管理

きなり理解してもらうのは難しく、一定のエリアだけ地ぎわ刈りをしないように取り決めて観察を続けた。

　「風の草刈り」作業の後はパッとせず、達成感がないように思えるが、確かに草の伸びは遅く、また手ガマで刈ると後続のさまざまな野草を助けることができるのもいい。ブナ科の幼樹が出てきたので周囲を低く刈って助けていたらそれはクリの木で、今ではすっかり大きく育って実をつけるまでになった。

　移植ゴテをもって沢の掃除をするのも楽しい。子どもや学生たちはこの作業が皆大好きで、帰る時間を忘れるほど熱中する（写真p.45）。最上流の沢だというのにドブ臭い溜まりがあったり、枝枯れしている木があるなど、これまでにない発見があった。

「風のトイレ」をつくる

　女性参加者のためにトイレをつくったのだが、廃品の土管を便槽にしたそれはあまり使ってもらえなかった。取材で「風のトイレ」を知り、建物はそのままにつくり替えてみたら、臭いがこもらず、分解も驚くほど早いのだ。中も爽やかで明るいので、皆が使ってくれるようになった。

　「大地の再生」施業を意識するようになって、巣箱にはニホンミツバチが毎年入り続けている。若いメンバーが自主的に自分のエリアでこの施業をするようになった。さらに田んぼと溜め池で実践してみたいと思っている。

壁は竹、ドアは布（使用時に垂らす）、足乗せは枕木、バケツに炭と落ち葉

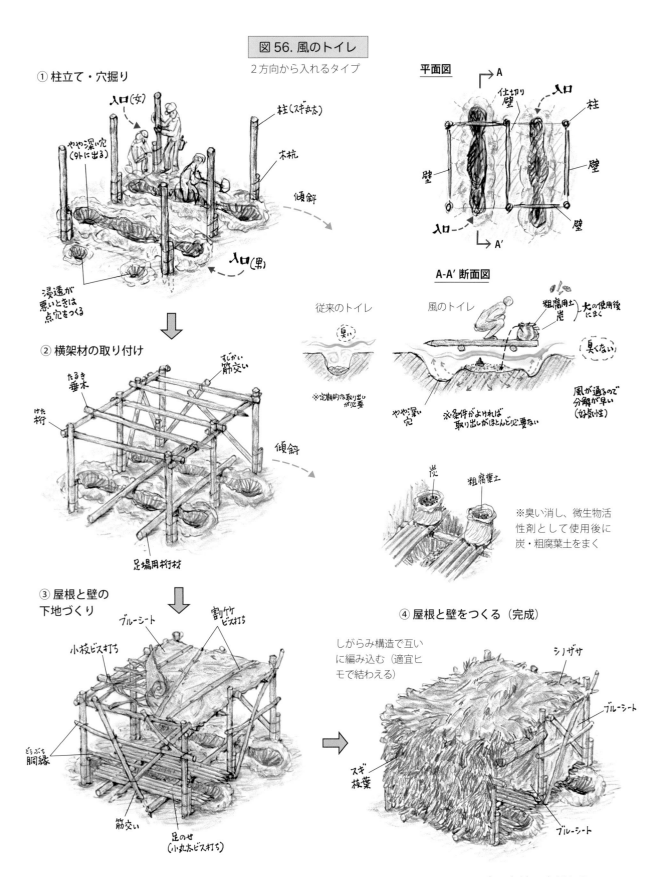

図56. 風のトイレ
2方向から入れるタイプ

① 柱立て・穴掘り

入口（女）
柱（スギ丸太）
木杭
傾斜
やや深い穴（外に出る）
浸透が悪いときは点穴をつくる
入口（男）

② 横架材の取り付け

すじかい 筋交い
たるき 垂木
けた 桁
傾斜
足場用桁材

③ 屋根と壁の下地づくり

ブルーシート
割ケケビス打ち
小枝ビス打ち
どうぶち 胴縁
筋交い
足のせ（小丸太ビス打ち）

平面図

A
仕切り
壁
入口
柱
壁
入口
壁
A′

A-A′断面図

従来のトイレ
（臭い）
※定期的な取り出しが必要

風のトイレ
粗腐腐土
炭
大の使用後にまく
（臭くない）
やや深い穴
※条件がよければ取り出しがほとんど必要ない
風が通るので分解が早い（好気性）

炭
粗腐腐土

※臭い消し、微生物活性剤として使用後に炭・粗腐葉土をまく

④ 屋根と壁をつくる（完成）

しがらみ構造で互いに編み込む（適宜ヒモで結わえる）
シノザサ
ブルーシート
スギ枝葉
ブルーシート

高松市郊外、500坪の敷地で

Gomyo倶楽部に来た「大地の再生」のメンバーはそのあと筆者のアトリエにも立ち寄ってくれ、敷地の水脈を見立ててくれたが、そのときは現実味がわかなかった。ここは広くひょろ長い約500坪の敷地で、家を建てる前は一部を隣の保育園の駐車場に貸していたので、建物まわりに草はほとんど生えておらず（一部、除草マットも敷かれていた）、残りの半分は雑草にクズなどツル植物が絡む荒地だった。

家を建てたとき同時に植栽や外構工事はまったくやらなかった。コストの面からお金をかけられなかったということもあるが、北関東から越してきた私はこの四国の風土に学びながら徐々に植栽を増やしていくのがいいと思ったのだ。

硬い地面と水溜まり

草は自然に生えてきた。それを地ぎわから一斉に刈ることはせず、モザイク状に刈りながら様子を見た。というのも、以前いた群馬の山暮らしのとき、手ガマだけで部分刈りしていると、自然にいろいろな野草や樹木が生えてくるのに気づき、それだけで庭づくりができてしまうことを経験していたからだ。また、敷地にスズムシが鳴き出したので、その生息域を守りたいこともあった。

敷地の奥1/3を畑エリアに決めて少しずつ開墾し、買ったり貰ったりした樹木の苗も植え始めた。しかし

元駐車場の地面はツルハシを跳ね返すほど硬く、また掘れば小石がたくさん出てくる。だから植えた木もあまり育たない。唯一、仮住まいで1年間水やりしながら挿し木苗から育てたイチジクが割と早く育った。植えた付近の土はドブ臭い青い土で、当時は「土木業者に変な残土を放り込まれたのか？」などと疑ったが、今思えば「グライ土壌」であり、それが掘り返され空気に触れたことでいい肥料になったのかもしれない。

畑エリアの一番奥は隣地境界で低いコンクリート擁壁が立ち、雨のときは水溜まりになる。おかげでヤブ蚊が多く、ヘビを見たこともあった。あるとき、その奥に池を掘れば水が集まって畑地が増やせるのではないか？　と考えた。ついでに「大地の再生」の水脈溝を大々的にやってしまおうか？　何度かアトリエに来ている矢野さんも同意見で、「早めにやったほうがいい」と講座を勧めてくれた。

「大地の再生講座」でミニ池をつくる

この敷地にはもう1つの特徴がある。基礎をつくるときの土質試験でわかったことだが、山を削った地山かと思ったら、軟弱地盤でおそらく過去は田んぼだったのだろうという（敷地の並びに1つだけ現役の田んぼが残っている）。そして隣の敷地は、溜め池を埋め立てて保育園を建てたというのだ。

講座は2020.12.13に行なわれ、矢野さんには予定通りミニ池と水脈を何本も掘ってもらった。案の定すぐに水が溜まって、翌春にはなんとオタマジャクシがたくさん泳いでいるのだった。

そして、ミニ池の手前の荒地は乾き始め、おかげで畑の面積を増やすことができた。そしてなぜか春先には野草のノビルが大量に出てきた。その後もいろいろ樹木を植えているが、勝手に生えてきた植物もある。アキニレとエノキがよく出て何本かそのまま育てており、とくにエノキは大きく生長している。

大内邸での「大地の再生」は翌年3月にビオトープ整備と植栽が追加された

2021.3.20

道向かいの雑木林も変化

周囲も変化する驚き

　面白いのは敷地の道を挟んだ向かいに雑木林があり、かなり荒んだヤブ状態だったのだが、それが2021年の春頃から変わってきたのである。ササの背丈が低く揃ってきて、樹木の枝が上がり、奥が透けて見えるようになってきたのだ（上写真）。矢野さんは、「脈を通すと、遠く離れたところまで（山の尾根まで）影響してよくなる」ということをよくいうが、どうやらそれは本当なのである。流体としての水と空気は精妙に遠くまで響き合うらしい。

　掘ったミニ池は高松の雨の少ない過酷な夏をしても枯れず、放したメダカが元気に泳ぎ、水もつねに透明に澄んでいる。敷地の上にも小さな溜め池があり、シーズンになる下の田んぼはその水を使うのだが、どうもこの辺りから湧出もしているらしい。現在はコンクリートで敷地を区切られているので、水の「出」は大きめの点穴に浸透させているが、本来は保育園の場所にあった池に流れていたのだろう。

再生の手立てはある

　昔は田んぼや池が自然環境に重要な役割を担っていたことが実感される。1章でも触れたが、社寺の敷地には鎮守の森とともに池がセットになっていることが多かった。その池を昭和期に駐車場にするために多くの場所でつぶしてしまった。あるいは池の脈に続く田んぼを埋め立ててしまった。かつて北海道には川の中・下流域に蛇行する川を包むような湿原や、海沿いには潟と呼ばれる緩衝域があり、標高差の少な

い彼の地ではそれらが気・水脈の浄化に重要な役割を果たしていた。無用の地と思われていたこれら場所の開発が、実は遠方まで大きな影響を与えているのだ。

　しかし再生の手立てはあると、いまは確信をもっていえる。矢野さんのドキュメンタリー映画「杜人」（前田せつ子／監督、2022年公開）には福島県三春の福聚寺の再生が描写されているが、ここもかつては駐車場敷地に大きな池と大樹があった（そのモノクロ写真をご住職に見せていただいたことがある）。矢野さんらは数年をかけて、周到かつ綿密な処方をもってこの広大な敷地に臨んだ。そしてふたたび池を掘ることなく、駐車場はそのままに、花々を咲かせたのだ。

　このように長い年月をかけて悪化を重ねてきても、気・水脈を通せば劇的に早期回復する。そして、植物そのものが再生を後押ししてくれるのだ。土と植物、そして水系はすべての環境の源なのであり、これなくしてあらゆる生き物たちの復活もない。

　今、私のアトリエ敷地では育った樹木から剪定枝が取れ、それを囲炉裏暖炉の薪に使い始めている。

現在のミニ池まわりの水脈と畑。アカマツ、サクランボ、サンショウ、クリ、クヌギ、エノキ、カンキツ類、オニグルミ、トサミズキなどが育っている

矢野智徳 Tomonori Yano

1956年福岡県北九州市生まれ。東京都立大理学部地理学科中退。合同会社「杜の学校」代表。1984年、造園業で独立。環境再生の手法を確立し「大地の再生」講座を全国で展開しながら普及と指導を続けている。クライアントは個人邸や企業敷地ほか、数年にわたる社寺敷地の施業も数多い。近年の活動では宮城県仙台市の高木移植プロジェクト（宗教法人「神慈秀明教会」移転にともなう造園施業）、福島県三春町「福聚寺」、神奈川県鎌倉市「東慶寺」等。災害調査と支援プロジェクトとして福岡県朝倉市、広島県呉市、愛媛県宇和島市、岡山県倉敷市、宮城県丸森町、千葉県市原市などに関わる。拠点となる山梨県上野原市に自然農の実践農場のほか、座学や宿泊できる施設に、全国からライセンス取得や施業を学びに有志が集う。2020年「大地の再生 技術研究所」設立。2022年、ドキュメンタリー映画『杜人／環境再生医 矢野智徳の挑戦』上映開始。第46回山崎記念農業賞受賞。
◉大地の再生 技術研究所 **HP** daichisaisei.net

大内正伸 Masanobu Ohuchi

1959年茨城県水戸市生まれ。日本大学工学部土木科卒。1983年、イラストレーターとして独立。1986年『山と渓谷』誌でデビュー。主に出版関係のイラスト・文筆に携わる。東京西多摩の森林ボランティアを機会に林業に関わり技術書を著す。2004年より群馬県で山暮らしを始める。2011年、香川県高松市に転居。棚田・溜め池・里山再生の「Gomyo倶楽部」代表。2020年、自邸の敷地で「大地の再生講座」を開催する。囲炉裏づくり等のワークショップや講演も多数。著書に、『鋸谷式 新・間伐マニュアル』（全林協）『図解 これならできる山づくり』（共著／農文協）『山を育てる道づくり』『山で暮らす 愉しみと基本の技術』『囲炉裏と薪火暮らしの本』（農文協）『楽しい山里暮らし実践術』（ワン・パブリッシング）他。山暮らしの技術書には海外出版訳（台湾、中国、韓国）がある。
blog iroridanro.net　　**Instagram** tamarinnobu

「大地の再生」実践マニュアル
空気と水の浸透循環を回復する

2023年1月15日　第1刷発行
2024年8月10日　第6刷発行

著者　矢野 智徳
　　　大内 正伸
編者　大地の再生 技術研究所

発行所　一般社団法人　農山漁村文化協会
　　　　〒335-0022　埼玉県戸田市上戸田2-2-2
電話：048（233）9351（営業）／048（233）9355（編集）
FAX：048（299）2812　　振替：00120-3-144478
URL　https://www.ruralnet.or.jp/

ISBN978-4-540-21239-0
〈検印廃止〉
DTP◉Tortoise ＋ Lotus Studio／印刷・製本◉TOPPANクロレ（株）